主编◎顾桃

绿海仙境

玩转普洱

WAN ZHUAN PU'ER

普洱旅游系列丛书编委会◎编著

普洱市旅游发展委员会　编

云南出版集团

云南人民出版社

编委会名单

序

/顾 桃

行走普洱

世界太挤了。一模一样的高楼大厦太挤了，铺天盖地的广告太挤了，熙熙攘攘的人群太挤了，千人一面的生活模式太挤了，被扯成碎片的时间太挤了……

能否让我寻一处自由闲适、安放梦想的纯净之地？让我行走于生机勃勃、苍茫广袤的大地；让我在蓝天下，观行云流水，苍穹下，等待星空如花朵般无声绽放；让我回归本真的初心，了悟生命的丰盛。

那一天，山水相依，如诗如画，穿梭于梅子湖弯弯曲曲的栈道，斑驳的光影，清凉的微风，看树叶飘飘然落下，生活如诗般绚烂，生命如画般美妙。

那一天，山花烂漫，野趣横生，徜徉于古树峥嵘、苍藤缠绕的普洱国家公园，犀牛在草地翻滚，长臂猿在林间游荡，蝴蝶在山谷起舞，鸟儿在枝头歌唱，开着永不停歇的森林音乐会。

那一天，密密的寨子，妖娆的筒裙，雄浑的象脚鼓，晶莹的水珠，随风飘扬的经幡，萦绕在亘古的娜允古城。

那一天，秀美龙潭，云里雾里，山上山下，神灵皆醒。

那一天，轰鸣的木鼓，熊熊的篝火，飘洒的长发，醇香的水酒，佤部落的狂欢没有末章。

那一天，八旬老人，三岁孩童，激扬的青春合奏出拉祜人的岁月，想起就让人流泪的老达保。

那一天，景迈的古树，翁基的寺，糯干的寨子，哎冷的魂。依靠在老木屋前的布朗阿奶哟，大大的耳洞挂着银质的环，长长的烟斗吐着浓浓的烟，听不懂汉语的阿奶哟，腼腆的一笑似新娘。

那一天，迂回曲折的古道，川流不息的马帮，清脆嘹亮的马铃，历久弥香的普洱，挥舞的马鞭，飘扬的情歌穿

越虎斑霞绮、林籁泉韵。

那一天，振太的田园，紫马街的石；兴隆的鹭鸶，难搭桥的影；无量的剑湖，哀牢的猿。

那一天，挂满枝头的三丫果染红了鸡鸣三国的城，江水尽，爱不绝，城有界，情无限。

那一天，在北回归线许下爱情的誓言，在太阳转身的时候绽放双胞的笑颜，封火楼里的浪漫演绎成一首首缠绵的情歌。

那一天，豆汤米干大红菌，咖啡石斛普洱茶；糯米粑粑竹筒饭，佤族稀饭紫米粥；油炸蜂蛹蚂蚁蛋，黄牛干巴包烧鱼；饕餮盛宴，芳香四溢，珍馐美味，大快朵颐。

那一天，飘扬在怀旧音吧里的一首首老歌吹动的不是伤感而是情，飘散在金菩提里的咖啡香气馥郁，促动内心柔软的情愫弥漫开来。自然简单随性的帝泊洱 TEA 吧让时间变得很慢很慢。

那一天，瑰丽斑斓的绝版木刻在古道博刻和“空山”里张扬，青春的梦想在艺术的殿堂里飞舞。

那一天，赞美普洱那首最美的诗，已经深深地镌刻在了心坎上，只有穿过我的心房才能解读。

那一天，春风吹散了我们的脚印，可是留下的都是故事。

携一颗青春的心，让我们带着爱，行走普洱！

目录 CONTENTS

前言：养生福地，天赐普洱

1

如果一定要形容普洱，请用天赐二字。

如果一定要形容玩在普洱的日子，请用绝妙一词。

2

行在普洱。

大部分的景点都通柏油路。很多还是环线，而且没有什么收费站，所以普洱是自驾游的天堂。

特别是绿三角（西盟、孟连、澜沧），西三县（景东、镇沅、景谷）。山多，弯多，路上车少，人少，所以开车的人，会很有驾驶乐趣。坐车的人，因为沿途风景层出不穷、特色各异而大饱眼福。

最喜欢斑鸠坡茶马古道。

走着走着，会被一轮血红的落日或者一块覆盖着青草的石桥打动。

走着走着，会忍不住停下来，再看看那轮血红的落日或者那座覆盖着青草的石桥。

3

普洱的美食，让你在一路上充满期待和惊喜。

因为少数民族众多，旧时交通不便，所以他们的美食无论是做法还是原材料，都与中原的八大菜系完全不同。这里是动植物的天堂，所以这里做菜的原材料之丰富是其他任何地方不能比拟的。早春，有各种各样你听所未听的树芽；暮春，又有各种各样你见所未见的花朵。进入夏天，各种各样你闻所未闻的野生菌又出来，什么奶浆菌、干巴菌、大红菌、牛肝菌、鸡纵、青头菌。刚刚进入秋天，甜笋、竹虫、蜂蛹大行于市场。反正，一年四季都能吃上山珍野蔬——这里没有冬天。

甜笋炖土鸡那种可口的香，仿佛来自遥远的童年。每次都要把汤都喝干净。如果汤里面，再加上一些从景迈山古茶树上采下来的神奇的可以滋补身子的“螃蟹脚”，你得小心会不会把舌头吞进去。另外，佤族吃饭时用手抓的习惯，也让人想到遥远的童年。

最重要的是，在这里，你尽管海吃胡喝，不要担心身材。因为这些食物都是纯天然、低脂肪的绿色食品。

也不要担心苏丹红、三聚氰胺……

普洱人不兴这些。

4

住在普洱。

豪华型的宾馆，可能永远比不上大城市。这里的所有空调几乎都是聋子的耳朵——在没有酷暑和严寒的地方，安装空调无非只是为了让宾馆评级用的。

那柯里、景迈山等等地方的那些富有特色的客栈，也是你一定不能错过的体验。

景迈山的那个叫糯干的傣族寨子和叫翁基的布朗族寨子，寨子里全都是传统的干栏式木房，两层。因为他们都信佛，所以寨子周围环境都很干净；因为他们都信佛，所以你任意敲一家门进去，都可以获得一张笑脸，随便给点钱就可以在里面借宿一晚。

在这里住宿，请不要早早地睡去，无论多么累。等到月亮升起来。打开窗子，看看远处的群山和满天的月色（因为空气透明度高，这里，哪怕只有一半月亮，都可以拥有满天月色）。没有汽车声，甚至麻将声都没有。

有的只是蛙鸣、虫叫和风穿过芭蕉的声音。

偶尔，或会从邻居家传来的傣族妇女织布的响声。

5

玩在普洱，首先得说说风景。

一路上金黄的田园风光和变幻无穷的白云忽略不计，景东杜鹃湖边的野花、《天龙八部》中的无量剑湖原景、镇沅千家寨的瀑布、西盟勐梭龙潭的那堪比九寨沟的晚霞、江城那可与桂林争美的江畔白沙与竹林、娜允古城的街道与寺庙、茶庵塘茶马古道、那柯里茶马驿站、哈尼村子里的土掌房都会耗尽你的胶卷和电池。

别以为澜沧江、无量山、哀牢山这些名字听上去如雷贯耳。其实，相比于中原五岳和长江黄河来说，这里的宣传远远没有跟上。

更多风景养在深闺，等待着玩家们探险的脚步和发现美的眼睛。

6

关于普洱的玩，得补充一下民俗风情。

商品经济的大潮没有过多地改变这里。这里的人还保存着自己的信仰、建筑、服饰、语言和生活习惯。他们日出而作、日落而息。这里丰富的物产和适宜的气候，让他们觉得上天赐予的太多了，他们不再奢求什么，不再算计什么。所以，你所到之处，都是微笑，都是客气，都是热情，还有最陈最香的普洱茶。

拉祜族的吉他、佤族的木鼓舞、傣族的筒裙、苦聪人的杀戏、哈尼族的长街宴……都会让你发现：是我们想得太过复杂，而快乐其实如此简单。至于各地的狂欢节，更是歌舞的海洋，泼水节、火把节、新米节、丢包节、神鱼节、双胞胎节……任意遇上一个，都会融化你几十年深蓝色的孤独。

7

关于普洱的玩，最后再还补充一点。

这里的玩，是潇洒的，浪漫的，健康的，阳光的，诗情画意的，不耗费太多金钱的。

与玩麻将的玩，玩夜场的玩，玩完的玩，有本质的区别。

水韵茶城
养生佳境

思茅

70.28% 的森林覆盖率和约 35 万亩的绿色基地，使“绿色”成为了思茅区的象征和最大的特点。思茅享有“绿海明珠”“天然氧吧”之称，被誉为“最适宜居住的城市”。

旅游咨询电话：0879-2135724

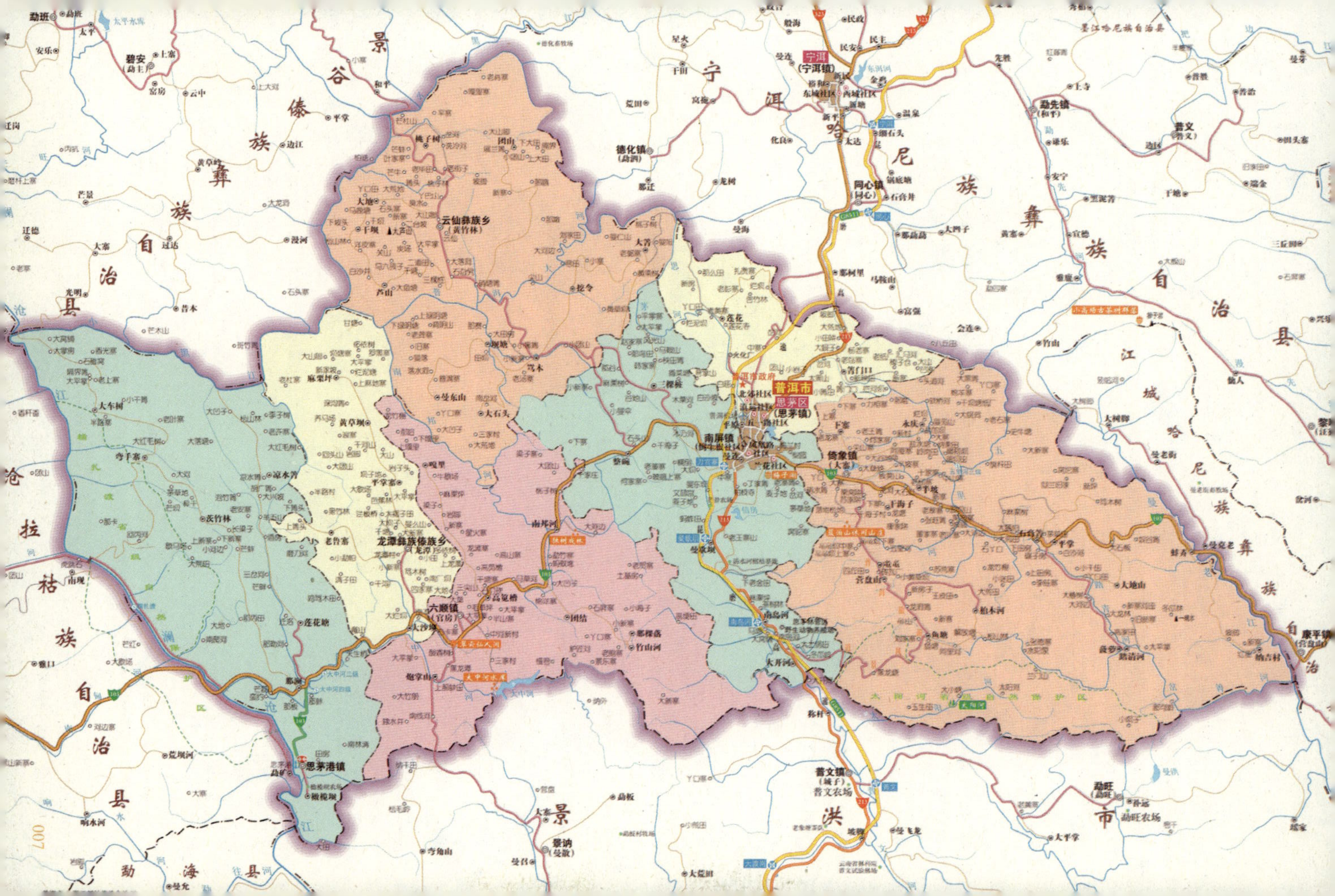

普洱市
思茅区
(思茅镇)
宁洱
(宁洱镇)
南屏镇
倚象镇
思茅港镇
六顺镇
云仙彝族乡
龙潭彝族傣族乡
德化镇
同心镇
勐先镇
普文镇
景谷傣族彝族自治县
宁洱哈尼族彝族自治县
江城哈尼族彝族自治县
澜沧拉祜族自治县
景洪市
勐海县
墨江哈尼族自治县

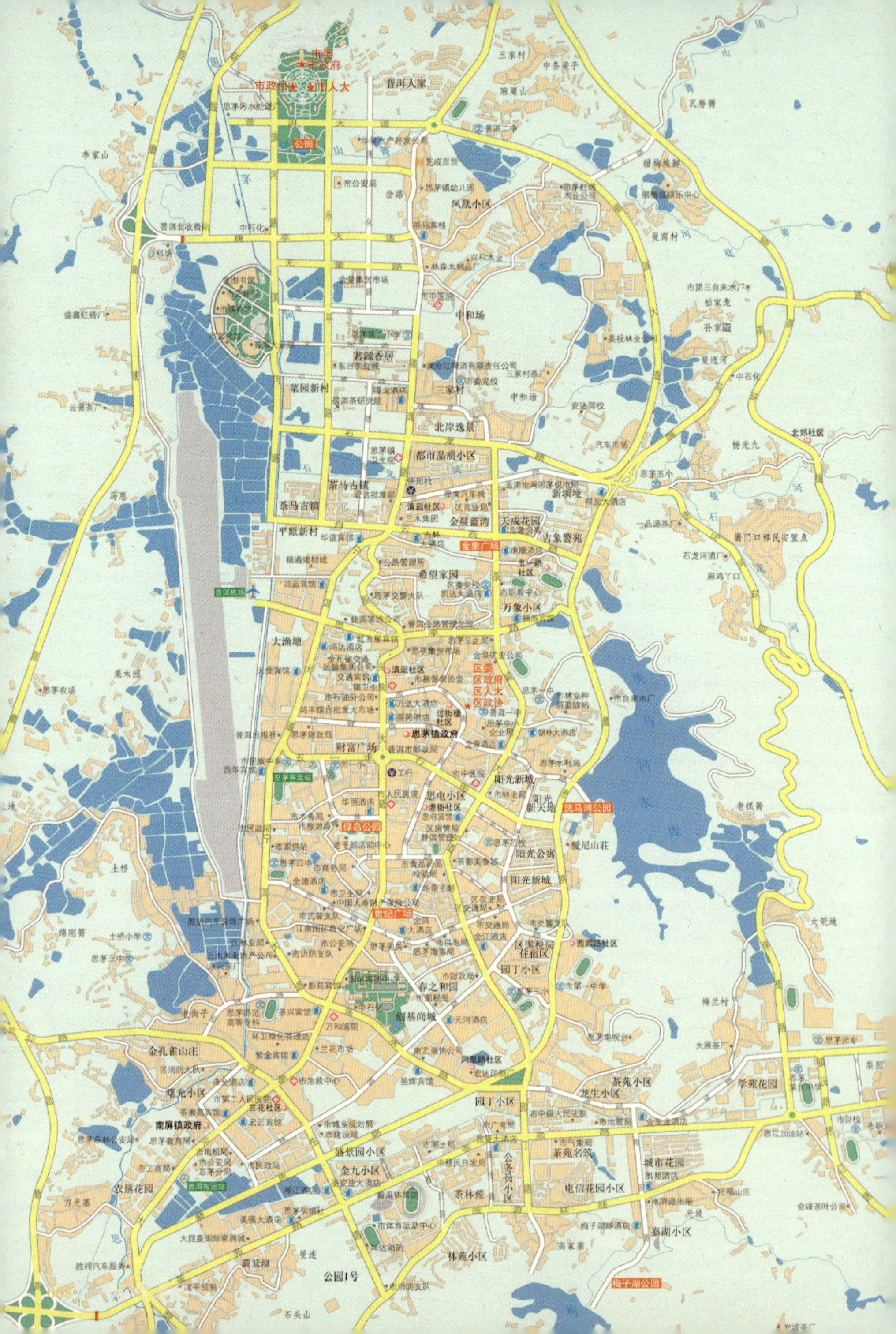

市委
市政府
市政协
市人大
普洱人家
公园
三家村
李家山
凤凰小区
中和场
茗源香居
菜园新村
三家村
北岸逸景
都市晶质小区
茶马古镇
平原新村
滇运社区
金晨蓝湾
天成花园
吉象警苑
金象广场
希望家园
万象小区
普洱机场
大渔塘
区委
区政府
区人大
区政协
思茅镇政府
财富广场
阳光新城
思电小区
绿岛公园
阳光新大地
洗马河公园
阳光公寓
阳光新城
洗马河水库
世纪广场
园丁小区
春之和园
创基尚城
金孔雀山庄
曙光小区
南屏镇政府
茶苑小区
龙生小区
学苑花园
园丁小区
盛景园小区
金九小区
茶苑名筑
城市花园
电信花园小区
农垦花园
普洱客运站
茶林苑
公务员小区
林苑小区
嘉湖小区
公园1号
藏宝坝
梅子湖公园

思茅是普洱茶的故乡，这里曾是人类早期（新石器时代）活动较多的地区，是世界著名的茶树种植和茶文化的起源地，也是全球稻作文化的中心之一。

传说中，当年诸葛亮带兵南征到了这个地方，在坝子东部的小溪里给他的战马洗澡时，看到溪边漫山遍野的茅草，使他油然思念起自己家乡的茅屋，触景生情，就将此地取名为“思茅”。后来，人们在这条小溪上修起了一座水库，就称为“洗马湖”。

思茅区是普洱市委、市政府所在地，是全市的政治、经济、文化中心。这里有彝、傣、苗、哈尼、回、佤、拉祜等 25 个少数民族，占总人口的 30.5%。这里正常年份的最高温度为 32℃，最低温度为 6℃。年平均气温 18.3℃。最冷月（1 月）平均气温为 12.5℃，最热月（6 月）气温为 23.3℃，日照时间达 2070 小时 / 年，年降雨量为 1502.6 毫米，森林覆盖率达 70.28%。动植物资源极为丰富。区内有两个省级自然保护区，一个亚洲象保护区，一个城市生态防护林保护区。天然成就的喀斯特地貌使其拥有众多的河流和湖泊景观，蔚然壮观。可以说，思茅区常年气候温和，冬无严寒，夏无酷暑，是休闲度假的最佳选择地，更是自驾车旅游的洞天福地！

玩家点评

这里仿佛永远是烟花三月。太阳怕这个北回归线上的城市冻着似的，看看要冷了，马上一个转身，又回来照照她。这里的冬天比昆明要暖得多，从不下雪。这里是世界上最适合人类居住的地方。

出发，去思茅！

公路线路

昆明—思茅

全程高速公路，里程约为430公里，行车时间约5个小时。

思茅—西双版纳

全程高速公路，里程约为160公里，行车时间约一个半小时。

概　况

思茅区注重开发绿色产业，到目前为止，已开发现代茶园7.15万亩，咖啡基地4.86万亩，橡胶基地1.16万亩。以思茅松为代表的林产业开发是普洱市最大的支柱产业。思茅区比较高的森林覆盖率和约35万亩的绿色基地，使"绿色"成为思茅区的象征和最大的特点。思茅区素有"绿海明珠"之称。

随着昆曼大通道的全线贯通，思茅成为中国面向东南亚的前沿开发城市，成为中国—东盟自由贸易区的连接点。另外，糯扎渡电站的建设，也将给思茅区的经济建设带来加快发展的契机。2003年，中国茶叶流通协会正式命名思茅为"中国茶城"。思茅区正在加快建设以"中国茶城"为特征的园林城市。以"中国茶城"作为思茅区旅游形象的定位，将使思茅这座城市格外引人注目和让人向往。现在，思茅已成为茶文化的旅游胜地。

线路推荐

A线（二日游）

D1：腊梅坡体验哈尼文化—徒步体验茶马古道—坡脚体验彝家农家乐返思茅

D2：观景台—梅子湖—竜竜体验农家乐（用中餐）—游览中华普洱茶博苑—普洱国家公园

B线（一日游）

观景台—梅子湖—竜竜体验茶家乐、农家乐（用中餐）—游览茶博苑—普洱国家公园返思茅茶源广场品茶购茶，晚观看茶文化精品文艺节目。

C线（一日游）

腊梅坡体验哈尼文化—徒步体验茶马古道—坡脚体验彝家农家乐返思茅入住酒店，茶源广场品茶购茶，晚观看茶文化精品文艺节目。

D线（半天游）

游观景台—梅子湖，茶源广场品茶购茶，乘车至高家寨用餐，送团。

E线（半天游）

至营盘山游览茶博苑—普洱国家公园，送团。

F线（半天游）

游览中国茶城城市园林雕塑（民族团结丰碑、马帮小憩、妇女制茶、雅士品茶、中国茶文化名人园单体雕塑）

洗马湖公园

地理位置：位于城东，距城区 1 公里处

青山白云，碧水蓝天，颇有“水光潋滟晴方好，山色空蒙雨亦奇”的西湖风韵。

传说三国时诸葛亮率军南征来到思茅，屯兵于坝子边的小河畔，士兵曾在河里洗刷战马，这条小河即被称为洗马河。后来，人们又在洗马河上建起了洗马湖水库，并且在湖上建成洗马湖公园。

洗马湖公园内后山的思茅松翠绿挺拔，前面丘陵地上普洱茶园连绵起伏。依山傍水，环境优美，是人们娱乐、休憩的好去处。洗马湖公园是以洗马湖水库为核心开辟的环境优美的风景区。

中国茶文化名人园

地理位置：普洱市思茅区茶城大道北段及振兴大道南段

坐落在茶城大道北段的“中国茶文化名人园”，介绍国内历史上文人雅士关于普洱茶的逸闻趣事，荟萃了五千年来上至皇帝、丞相、公主，下至民族首领和文人学士品茶、论茶、贡献于茶的雕塑群；坐落于振兴大道南段的“中国茶文化名人园”，则荟萃了历史上外国旅行家、文学家、佛学家、王室公主品茶、写茶、种茶的雕塑群。

如果要了解普洱茶的历史，中国茶文化名人园是很好的去处。

倒生根公园

地理位置：位于振兴路 100 号

这棵高大的榕树，当地人们赋予它众多的美称："倒生根""一树春秋""独树成林"。

这里因有一棵长有倒生根的奇特大榕树而得名，榕树的东边硕果满枝，榕树的西边青枝绿叶，呈现出"一树春秋"的景观。每年秋天，生长在东边的三枝榕树，便结满一串金黄色、粉红色的榕树果，引得不少小鸟飞来啄食、栖息；而生长在西边的两枝榕树，却是一派青枝绿叶，另一番景象。这种在同一棵树上，同时呈现春秋两季的景象，实属罕见。

此树为细叶榕树，已有 800 多年的历史，由一主干榕树长出的根须倒垂下地相继成长而成，经过几百年的发展，现已形成五棵相连在一起的榕树，最大一棵主干需六人才能相围，最小一棵也要三人才能相围，整棵榕树占地约 300 平方米。

茶城观景台

地理位置：位于梅子湖公园后门附近，处于高家寨—茶树良种场旅游环线上

玩家评语："无论是空气质量，还是绿化程度，普洱都应是中国城市中最好的""这里的风，都带着茶香"——在观景台上可以全方位地体验这两句话。

观景台建设以原始生态环境为基础，不破坏周围茶树林，稍加人工雕琢而成，把观景台带入茶林中，为公众提供一个以休闲为主的场所。在观景台，西北面近看连绵起伏的茶地，远处眺望美丽的中国茶城——普洱；西南面可观赏自然生态茶山、湖泊干海子和风景名胜区梅子湖公园，湖边群山环抱；远处是一望无际的思茅松。观景台由三个部分组成：第一部分为第一观景台，作为较大的观景场所，是一个综合服务区，有茶室、公厕等服务设施。第二部分为休闲区，按自然式的小型花园设计，与周围环境紧密相结合，是第一观景台到第二观景台的一个过渡区。第三部分为第二观景台，即主观景平台，是整个观景的中心。在主观景台上可以看到四面美丽诱人的景色。

中华普洱茶博览苑

地理位置：位于思茅城区东南方向的营盘山上，距市区约 24 公里
交通情况：全程柏油路，行车时间约半个小时
园区咨询电话：0879-2813788

到了这里你会明白，“世界茶源”“中国茶城”“普洱茶都”名副其实。鄙人现在基本只喝普洱。尤其是一个人的深夜，它会带给你温暖和一些深红的回忆。

景区坐落在绿荫苍翠、景色秀丽的营盘山，与普洱国家公园毗邻，以 2.3 万亩茶园为背景，作为一个城市的标志，中华普洱茶博览苑的建成让“中国茶城”名副其实。这个以茶为主题的公园位于距普洱市区 24 公里的营盘山上，海拔 1700 米，有问茶楼、采茶体验区、普洱茶博物馆等 9 个景点，堪称是普洱茶的大观世界。整个景区从普洱茶起源演化、发展嬗变、种植生产、民族渊源、加工包装、历史文化、收藏营销、烹制品鉴等不同角度全方位介绍了普洱茶的神秘世界。您到了茶博苑，可以充分体验观茶、采茶、制茶、吃茶、品茶、斗茶、饮茶、拜茶、购茶乐趣。景区不仅青山环绕、景色秀丽，而且构思设计奇巧，集中体现了具有排他性的“六大最”：最大的普洱茶主题公园、普洱茶资源种类最齐全、普洱茶标本最丰富、普洱茶联匾诗画最集中、茶艺茶俗茶道最精华、普洱茶文化底蕴最深厚。

问茶楼：问茶楼是整个景区的最高点，登上问茶楼，我们可以饱览2.3万亩茶园风光。

博物馆：观看3540万年的宽叶木兰化石和普洱茶相关的历史文物，了解普洱茶的演变历史。

茶祖殿：朝拜三位茶祖，品味普洱茶沧桑的历史和深厚的文化底蕴。

村村寨寨：参观拉祜族人家、布朗人家、哈尼人家、傣族人家、佤族人家的建筑风格，品尝各个民族的特色烤茶及风味小吃。

制茶体验区：参与采茶活动，体验茶农边采茶边对山歌，自娱自乐，劳逸结合的茶山情趣。参观（观赏）、体验（参与）普洱茶原料（晒青茶）的加工制作过程。观普洱茶制作工艺流程，了解普洱茶与微生物，微生物与人类健康的关系。参观（观赏）、体验（参与）普洱紧压茶（生、熟）的压制过程，现场签名压制“中华普洱茶博览苑”游览纪念茶饼或茶砖。

闲怡居：体验普洱准五星级的别墅，感受人与自然和谐相融的居住环境。

茶餐厅：品尝风味独特的茶餐，欣赏拉祜、布朗、哈尼、傣、佤等普洱世居少数民族独特歌舞，享受顶级的歌舞伴餐服务。

品鉴园：在品鉴园内，你可以观看少数民族茶文化、茶艺表演，听茶艺师介绍普洱茶的基本知识，休闲参观选购普洱茶。

普洱国家公园

地理位置：普洱市思茅区东南方向38公里处太阳河

交通情况：全程柏油路，行车时间约40分钟。从帝泊洱大道1号岔路口往营盘山方向前行，或从思小高速公路南岛河收费站岔入旅游环线

电话：0879-3027888

普洱国家公园属国家4A级旅游景区，位于思茅区东南部，是北回归线上中国仅存的一片原始森林，保存着中国面积最大、最完整的南亚热带季风常绿阔叶林，森林覆盖率达94.5%。整个公园东西长约23公里，南北宽约9公里，海拔最高处1708米，最低处1530米，气候受洋流季风气候影响，南亚热带气候特征明显，年温差小，平均气温17.1℃，全年干湿季分明，年降雨量1600毫米，负氧离子含量极高，有着冬无严寒，夏无酷暑的宜人气候。公园分布的植被类型有热带季节性雨林、落叶季雨林、季风常绿阔叶林、落叶阔叶林、暖热性常绿针叶林及次生灌木林等。区内哺乳动物和鸟类约有200多种，两栖爬行动物、鱼类及昆虫很多。登高远眺，浩瀚的林海绿浪滚滚，叠翠的山峦群峰竞秀，使人心旷神怡。进入茂密幽深的原始森林，到处古木峥嵘，苍藤蒙络，浓荫蔽日，鸟叫蝉鸣，猿啼阵阵，河流两岸的森林、草地、河滩，一派苍翠葱郁，奇花异草遍布，珍禽异兽嬉戏其中，是游人涉奇猎趣、度假娱乐的人间仙境。

普洱国家公园，是一个融“山、林、水、人”四大主题为一体，集中展示云南丰富的动物资源与北热带、南亚热带季风常绿阔叶林景观的综合性山岳型景区。以实现天人合一、人与自然和谐共融为总体目标，在野生动植物生物多样性展示方面，创新形式、突破局限，让游客在以生态为主体、以森林为依托的自然环境中，与各种野生

动植物进行亲密接触，充分满足现代人向往自然野趣，力求亲身体验、深度感知的目的。景区主要项目有“犀牛归隐、猕猴乐土、鱼影湖溪、桫椤小径、嬉猿半岛、鱼鹰戏水、蝴蝶溪谷、旅行的小熊猫、嬉鸟乐园、兰花幽园”十大景点和民族歌舞演艺。在这里不但可以在茫茫森林中漫步，零距离观赏与恐龙同时代的活化石“中华桫椤”，徘徊在各色各样的兰花中静待花开，还能欣赏到犀牛在草地自由地奔跑，长臂猿在林间欢乐地飘荡，小熊猫在林中无拘地旅行，各种水禽在湿地悠闲地徜徉，蝴蝶在山谷婉转起舞，鸟儿在枝头雀跃歌唱。

梅子湖公园

地理位置：位于梅园路南端
交通情况：全程柏油路

进入公园，登上大堤，整个梅子湖尽收眼底。湖水碧波清平如镜，青山亭阁倒映水中，山林松涛随风起伏，游船似蝶，在湖里穿梭，白鹭、鱼儿上欢下跳，真是美不胜收。你也可以乘上游艇，饱览梅子湖的湖光山色；也可以到湖边的亭台楼阁中休息，品尝当地出产的普洱茶，还可以品尝用湖里的鱼煮成的酸辣鱼、砂锅鱼，味道很鲜美，有的当地游人还喜欢到此野炊。如果在夏天，还可以到松林中去捡蘑菇。园内建有种鱼池和小规模禽兽饲养园，餐饮和综合娱乐服务设施完善。

黄桂枢先生己巳年撰书的楹联刻挂在畅怀亭，楹联曰：

七彩长虹伴众仙，飞临劲拉碧野玉池，安居希卯古甸，喜三河五岭天连水。范仲淹观之，将作南国新湖记：四山林海镶翡翠，映染边陲明珠宝地，巧绣复兴春城，添万紫千红蝶恋花。

梅花仙子的传说：很久很久以前，梅子湖只是一条河，叫梅子河，两岸都是杂草，岸边住着父女二人，那姑娘叫梅花，听说他们是从很远很远的地方来的。梅花姑娘跟着爹爹在岸上栽种了许多梅花树苗，每天精心护理。很快，梅树都开出了美丽的花朵，引来了很多人。梅子河上游的麦子地村有一恶霸，经常欺压百姓，这恶霸偏偏看中了美丽善良的梅花姑娘，多次强迫梅花做他的小老婆，梅花不依，便害死了梅花的老爹。失去了唯一的亲人，梅花姑娘悲痛欲绝，为了反抗，她含着泪跳进了梅子河的深潭中，“宁为玉碎，不为瓦全”，死不屈服，以死护卫了自己的贞洁。梅花姑娘跳进去的那个深潭后来就变成了现在的梅子湖。梅花姑娘走了，岸上那些梅花的花瓣突然都纷纷飘落，人们都说那是花瓣雨，是花的眼泪。没多久，梅花树干渐渐枯死，也跟着梅花姑娘走了，只有很少一部分存活下来。有人说，梅花姑娘没有死，而是化作仙子飞上了天；有人说，她变成了美人鱼，就住在梅子湖底，每逢梅雨季节，幸运的人还能看到她游出水面；有人说，梅花仙子每年都会下凡来到梅子湖畔的松林间采摘野花。

玩家评语：“望梅解渴意，见湖身自凉”，这是门口的一联。虽然对仗不太工整，但也写出了这湖的好处。若心烦意乱，若心浮气躁，走进去，一襟湖风，什么烦恼都会吹去；一掬碧水，什么尘垢都会洗净。另外，园中的普洱开元梅子湖温泉酒店，软硬件设施是当地最好的。

斑鸠坡茶马古道旅游文化景点

地理位置：思茅区腊梅坡往北，至磨思二级公路宁洱与思茅交界处的坡脚村民小组
交通情况：全程柏油路

一路走，一路看，一路品，就如在翻阅一本厚重的经典。有时候，会迫不及待地想看下一页写的什么；有时候，又会回过头去，久久地沉思、感慨，甚至潸然泪下。

斑鸠坡茶马古道是南北走向的重要一段，它是迄今保存得最完整、里程最长、茶马古道文化最厚重，沿路生态最好的一段，被誉为“中国乃至世界交通史上的活化石”“一条流淌的茶马文化长河”“一段可以触摸的历史”。属于茶马古道北路，直通昆明和京城。保存下来的这段从思茅城北腊梅坡向北通到坡脚，全长 14.5 公里。道光三十年（1850 年），把土路改为石镶路，并延伸到六大茶山。斑鸠坡茶马古道比较典型地集中了所有茶马古道的特点，保存了大量的茶马文化，沿途景点众多，有腊梅坡、古道牌坊、石屏河桥、土地坛、山神树、孔明井、回望亭、功德碑、青苔路、腐叶路、垂帘路、细腰子坡、滚马坡、哆依垭口、山楂洞、十年果树、樱桃台、观云台、水冬瓜林、老余寨、信房、斑鸠岭、哨排坡、二台坡、坡脚绕行桥、坡脚古驿等等。

乡村旅游景点

腊梅坡

地理位置：位于思茅区三家村茶马古道遗址公园附近

交通情况：在北部区普洱大道，全程柏油路

1887年，这里就设立了海关的查卡，进出口的货物均要在这里验货交税。这里成为茶马古道上繁忙的陆路码头，这里是中国南方茶马古道的大本营。

腊梅坡村系哈尼族寨子，哈尼语为陀嘎阿曳，腊梅坡因人搬入时满山盛开着蜡（腊）梅花而得名。全寨占地面积为2.2平方公里，主要从事农业、养殖业，以种茶、加工茶叶为主，共有65户人家，238人。这里是茶马古道上的重要驿站和出入关口，正在规划建设的茶马文化广场，将再现当年的兴盛与繁荣。

民族文化和特色风味有：哈尼民族原生态歌舞、长街宴、喝栏门酒等，“赶马哥头”为主打原生态特色菜，即：“赶”就是橄榄果猪肺汤；“马”就是砂锅马掌黄鳝；“哥”就是药膳土锅鸡；“头”就是豆浆煮鱼头。另外，猪血白旺、三尖角粑粑、滴水芋炒鸡杂、芭蕉心等也是特色菜。

竜竜文化生态旅游村

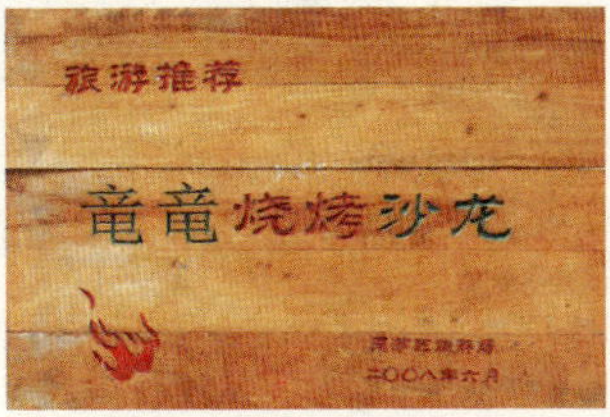

地理位置：位于思茅城区东南22公里处

交通情况：全程柏油路

“走在竜竜的小路上，暮归的老牛是我同伴。蓝天配朵夕阳在胸膛，还有一只短笛隐约在吹响”——其实没有笛声，那隐约的颤音是来自每个人内心深处对故乡对泥土对童年对炊烟的眷念。

竜竜的意思就是有山有水的地方。此处翠竹掩映，小桥流水，荷塘藩篱，瓜果遍地。是一派典型的滇南田园风光。

如今的竜竜推出了农家乐、茶家乐、周末烧烤沙龙、乡村垂钓、农事趣味康体、茶马古道徒步健身等系列生态体验活动项目，是一处饮食、住宿、休闲的好去处。

竜竜坝往南6公里外是中华普洱茶博览苑，14公里外是普洱国家公园。竜竜坝作为普洱旅游环线上的一个重要景点，正散发出迷人的魅力，吸引着四方宾朋和八方客人。

坡脚

地理位置：坡脚村民小组距思茅城区 17 公里，位于磨思路旁
交通情况：全程柏油路

近年来，结合坡脚村是思茅和宁洱茶马古道衔接点的实情，村的规划设计以打造“茶马驿站”和“富有特色的农家旅游村”为目标，对村民房建设实行统一规划、统一设计、科学选址、分户建设、统一管理。坡脚村的户型统一为 153 平方米，户型设计上充分考虑了地方民族特色，形成茶马古道上独特的民居建筑风格。

南本寨
双龙泉

地理位置：位于龙潭乡龙潭村
交通情况：处于思茅至澜沧的二级公路上，55 公里全程柏油路
玩家评语：到这里的男性游客，经常会买一匹傣族女人亲手用古老的织布机织的布料，做一条筒裙，送给女友。据说穿了这种布料筒裙的女人，马上会像傣族女人一样温柔起来。哪怕是河东狮，哪怕是母夜叉。

龙潭乡龙潭村南本傣族寨子，南本为傣语，意为冒水塘之意。寨子旁边有条小河，这就是双龙泉。这里山清水秀，风光旖旎。傣族的衣、食、住、行、语言文化都保持着传统的风貌。甚至，村民们至今仍保留着家家织布的习惯。主要民俗有：“出行”“泼水节”“榨音”“开门节”“关门节”“尝新米节”等。傣家人十分好客善良。傣家的食文化是比较丰富的，特别是“剁生”，即用生肉和橄榄树皮剁在一起，加入各种香料，味美可口。有猪剁生、牛剁生、鸡剁生、鱼剁生、鸟剁生等。

在这个休闲小城思茅，吃是一件“大事”。可以说，思茅人宁可少买一件衫，但是绝对不能少吃一口美食，嘴巴享福了，心情自然舒畅了，日子也才算是“好过”。

思茅区是普洱的政治文化中心，这里的饮食，很难用一句话或者一个词来概括，它汇聚了普洱九县一区的各种特色，酸的辣的，鲜的甜的，让人应接不暇。当然，在现今不断发展的社会，这些美食也“与时俱进”碰撞出了新的特色。所以，吃在思茅，你选对了。

美食思茅

1. 普洱美味特色农家乐

说起普洱的美食，莫过于到特色农家乐享用各具特色的农家菜品，生态鸡、生态鱼、大红菌、时令野菜应有尽有，大快朵颐。思茅区特色农家乐呈片区集群分布，主要地段有高家寨片区农家乐集群、菩提箐片区农家乐集群、倚象镇大寨片区农家乐集群、曼歇坝片区烤鱼农家乐集群、三家村腊梅坡片区农家乐集群。

名　称	电　话	地　址	特色菜
彝家二道菜	0879-2310140	普洱市思茅区南屏镇曼连村高家寨	当归鸡、凉拌牛皮、小米辣蒸鱼
美食美客	13769940009	普洱市思茅区南屏镇曼连村高家寨	鞭汤、油炸肥肠、骨气鸡、干焙牛尾巴
彝家月亮圆	13887966024	普洱市思茅区南屏镇曼连村高家寨	红烧肉、黄焖鸡、玉米饼、猪脚凉片
大粮仓	13628794379	普洱市思茅区南屏镇曼连村高家寨	当归鸡、山药鸡、重楼排骨
彝家四季香	13887985828	普洱市思茅区南屏镇高家寨	火宫小炒、滴水芋炒鸡杂、腊猪脚、牛扒呼
彝家天天乐	13987906886	普洱市思茅区南屏镇曼连村高家寨	鬼火绿、海酱蒸鱼、香茅草包肉
厚积园	13577984896	普洱市思茅区南屏镇曼连村高家寨	百合薏仁、黄焖木瓜鸭、山药蒸火腿
龙马饭庄	18987908165	普洱市思茅区南屏镇曼连村高家寨	大红菌煮鸡、蜂蛹洋芋、牛干巴烂呼、辣椒鱼头
广福园	13577977727	普洱市思茅区南屏镇曼连村高家寨	白斩鸡、开门红、玉米饼、手抓猪蹄
鑫会农家乐	15925272793	普洱市思茅区菩提箐	油炸排骨、木瓜猪脚、清汤土鸡、酸菜鱼、黄焖鸡、生态鱼
乐土农家乐	13508799118	普洱市思茅区菩提箐	豆腐肠、豆汤白菜、豆渣、生态鸡、水豆腐、腌豆腐、豆腐宴

名　称	电　话	地　址	特色菜
菩提源堤	08792885977	普洱市思茅区菩提箐	花蛋豆腐、卤猪脚、小米辣烧鱼、生态牛肉、时令野菜
萍聚农家院	13987952789	普洱市思茅区菩提箐	黄焖鸡、凉拌猪脚、泡菜鱼、清蒸鱼、生态鱼
茶缘农家乐	13769090900	普洱市思茅区菩提箐	鸿运当头、彝家红肉、彝家手撕鸡、忆苦思甜饭、神草炖土鸡、何首乌炖火腿
聚缘庄	15008751892	普洱市思茅区菩提箐	花生汤、黄焖鸡、南瓜饼、蒸鱼
哈尼老本地饭店	13987955752	普洱市思茅区思茅镇三家村腊梅坡	剁椒鱼头、回心草炖猪心、杀猪菜、老鸭煮露水草、魔芋炒螃蟹、魔芋炒鸡
赶马锅头农家乐	13759029018	普洱市思茅区思茅镇三家村腊梅坡	橄榄果煮猪肺、马掌黄鳝、砂锅煮鸡、豆浆煮鱼头
茶马大门第一家	13099667691	普洱市思茅区思茅镇三家村腊梅坡	素炒青菜牛肉、凉拌黄瓜丝、清汤牛肉
天明福芦园	13628791781	普洱市思茅区思茅镇腊梅坡	酸辣鱼、清汤土鸡、腊肉、豆腐肠
金家食府	0879－2200685	普洱市思茅区思茅镇腊梅坡	黄焖鸭、茄合、怀胎鱼、毛驴汤锅、土锅鸡
竹鑫农家乐	13769929699	普洱市思茅区思茅镇三家村腊梅坡	油炸肉、酸辣鱼、黄焖鸭
倚象农家乐	0879－2811419	普洱市思茅区倚象镇大寨村	大红菌煮鸡、鸡油菌、油炸肉、野生菌
憨二农家园	0879－2811547	普洱市思茅区倚象镇大寨村	家常豆腐、绿豆腐、清汤土鸡、洋芋丝炒牛肉、油炸肉
阿莲农家园	13987095621	普洱市思茅区倚象镇大寨村	黄焖江鳅、黄焖鳝鱼、鸡油菌、油炸肉
林自生态园	13987941498	普洱市思茅区南屏镇曼连村光坡	特色菜：清汤土鸡、木瓜炒鳝鱼、火烧干巴、酒闷鳝鱼、农家洋芋丝
瓦珍野菜馆	13769956131	普洱市思茅区思茅镇麻鸡丫口	油炸肉、红菌煮鸡、鸡㙡汤、鸡油菌、油炸蜂儿
罗光明农家乐	15125675510	普洱市思茅区思茅镇麻鸡丫口	大红菌煮鸡、鲜煮鸡㙡、春滴水芋、凉拌鱼、蒸鱼

名　称	电　话	地　址	特色菜
马蔡四季香	15087912350	普洱市思茅区思茅镇三家村曼卖河	酸辣鱼、老鹅汤、景东火腿、啤酒鸭
明庄源农家乐	13508791934	普洱市思茅区南屏镇曼连村丁家箐	腊肉、牛扒呼、青椒辣子鸡、泡菜鱼片
新顺源	13577956840	普洱市思茅区南屏镇曼连村丁家箐	腊肉、凉拌粉丝、清汤鸡、黄焖鸡、甜笋煮鸡
金福农家乐	0879-2145904	普洱市思茅区南屏镇曼连村大荒地	油炸大肠、水库清汤鱼、黄焖鱼、油炸肉

2.早点吃些什么

一日之计在于晨，一天的美食之旅也应该从晨开始。

思茅的早点种类不似广式早茶那样精细，但是别有风味。豆汤米干是普洱人的心头所好，早上不吃豌豆汤米干，似乎一天都是苍白的、无力的，少了点什么，所以普洱人的一天是从豆汤米干开始。

早餐推荐	地　址
豆汤米干（米线）	1. 边城路与南正街交叉路口处
	2. 阳光路与夜都路交叉路口处
	3. 茶苑路邮政储蓄银行与清怡小区之间的路段
酸醋米线（米干）	1. 振兴北路—宁洱大道—北云东路五岔路口交叉处附近
	2. 阳光路与夜都路交叉路口处
	3. 茶苑路邮政储蓄银行与清怡小区之间的路段
	4. 步行街中段思茅四小背后的小巷子内

3. 普洱美味餐厅

思茅的餐馆很多，数量远远超过了茶叶店，而且层出不穷，即便是味道怪、距离远，也不能阻止食客们对美食的喜爱，驱车30公里去吃一顿黄焖鸡，早早地去占座只为能吃到店家的烤鱼，这些在旁人看来有点疯狂的举动，在思茅却是很正常的一件事情。而在思茅，吃生态，吃味道才是王道，所以，农家乐一类的特色餐厅一直是人们的心头所好，开一家火一家。

名 称	电 话	地 址	特色菜
金凤大酒店	0879-2138776	普洱市思茅区人民东路8号	普洱鸡豆腐、水晶鸡纵包、金凤烤羊腿
建华酒店	0879-2142106	普洱市思茅区人民东路	红烧鲍鱼；刺身三文鱼、香辣牛肉、香煎江鱼
石斛宴	13887979988	普洱市思茅区南屏镇曼连村高家寨	石斛煮老鹅、石斛花炖土鸡蛋、鹅掌、鲜榨石斛汁
五谷馆	13987999999	普洱市思茅区倚象镇	烤全羊、自制豆腐、绿茶饼、牛肉凉片、蒜茸粉丝蒸扇贝
清倚食府	13987988989	普洱市思茅区倚象镇	有头有脸、鸵鸟蛋、傣味蒸鱼、双味炒、滑蛋豆腐
周公馆	18608798828	普洱市思茅区阳光路	小炒黄牛肉、炝油鸡、野菌钵、干锅牛肉
道氏山庄	18908796877	普洱市思茅区南屏镇曼连村落海子山	炒汤圆、野生菌、三七旱蒸鸡、野菜、芝麻里脊
仕美娘	0879-2132856	普洱市思茅区过街楼52号	炒头豌、红烧肉、鸡豆腐、凉三丝、年糕、水酥、酸辣鱼、酥肉
秋水台	13887988811	普洱市思茅区曼连村高家寨	普洱茶汉堡、普洱茶香大排、清炖无量山老鸡、野菜拼盘

4. 茶都美食娱乐广场

位于思茅城区茶城大道东侧的茶都美食娱乐广场（原茶都不夜城），集特色餐饮、美食烧烤、KTV 娱乐包房、品茶、棋牌、民族歌舞表演等消费项目于一体，其规模、档次、环境、经营模式、服务质量等方面具有地方民族特色，是思茅区最具特色的综合性美食娱乐广场，是当地市民和外来游客开展夜间生活最佳选择地。

购物篇

来思茅旅游，一些休闲购物中心也是放松的好地方。

茶源广场，位于思茅区林源路，目前入住市场的茶商已有157户，汇集了澜沧古茶、镇沅马邓茶、江城牛洛河生态茶等品牌，可零售，也可批发。

龙生茶叶交易市场，位于园林路，汇集了如云南龙生茶业股份有限公司这样的普洱市龙头企业，以及一些优质茶厂和公司。

中心商务区，位于思茅城区的中心地带，各种商铺应有尽有，品牌服饰店、经典蓝调餐饮店、时光影城……交通便利，吃、住、玩一应俱全。

五一步行街，五一步行街位于街心花园旁，这里整条街汇集了各类品牌服饰和特色小店，是购物休闲的好去处。

思茅天然矿物工艺品开发公司，位于普洱市思亭路，专卖天然水晶饰品。

茶城老金珠，经营各种金银首饰，并成为中国知名品牌香港“六六福”钻石和香港“金嘉利”钻石的思茅总代理。

普洱茶

来到思茅，普洱茶是必买之品，这里荟萃了各地、各山的优质普洱茶。普洱茶是一种后发酵茶，具有“长寿茶”的美称，因其“越陈越香”的品质，也称“可以喝的古董”。据研究，普洱茶有减肥、降脂、降血压、降血糖、防治动脉硬化、防治冠心病、抗衰老、抗癌、抑菌消炎、减轻烟毒、减轻重金属毒、抗辐射、兴奋中枢神经、利尿、防龋齿、明目、助消化、抗毒、预防便秘、解酒、暖胃等功效，是益寿延年和品茗的圣品。

思茅有许多茶叶店，走进任何一家，店主都会请你喝茶，你可以悠闲地品茗谈茶，再顺便带些回家自己品饮、赠送亲友。那时，不在普洱，也可以感受“香陈九畹芳兰气，品尽千年普洱情”。

名　称	地　址	联系电话
澜沧古茶有限公司	普洱市澜沧县城西郊温泉社区平掌路	0879-7222621
普洱土著茶庄	普洱市龙生茶叶交易市场 D 区 4 号	13987906267
景迈人家	普洱市澜沧县惠民镇景迈村	13658797859
景谷李记茶庄	普洱市景谷县景谷镇茶乡路 6 号	0879-5381888
芒景古茶农民专业合作社（阿百腊）	普洱市澜沧县惠民镇芒景村	13987937310
腊香茶厂（哎冷腊香）	普洱市澜沧县惠民镇芒景村	13330474587
云南普洱茶厂有限公司	普洱市宁洱县东洱湖水库旁	13662206423
云南天士力帝泊洱生物茶集团有限公司	普洱市思茅区帝泊洱大道 1 号	0879-2888565

茶源广场

“茶源广场”位于思茅区林源路，始建于2007年，目前入住市场的茶商已有157户，初步形成了辐射全国的茶叶销售集散中心。2008年1月至2011年8月，仅烘青茶的交易量就达到51400吨，其中，一天中最多交易量达70吨。可见此地是个藏金蕴宝的地方。这里汇集了澜沧古茶、镇沅马邓茶、江城牛洛河生态茶等知名品牌，不仅零售，还可批发，选购茶叶，这里是个好地方。

龙生茶叶交易市场

龙生茶叶交易市场位于园林路，市场不大，但是汇集了如云南龙生茶业股份有限公司这样的普洱市龙头企业，以及一些优质茶厂和公司。来到这里买茶，不要急着问价和付款，先试喝一下店主的好茶以后再购买。无论你走进哪家店，就算不买什么，店主都会好脾气地奉上好茶和你分享，还会告诉你一些普洱茶的小知识，有时相谈甚欢，店主还会送你一些茶叶作为礼品。这里的茶叶均为正规企业和商家加工，买得有保证，也不会漫天要价，而且还有各种包装精美的茶叶礼盒可供馈赠亲友，是喝茶和买茶以及普及普洱茶知识的好地方，值得一去。

咖啡

普洱市栽培咖啡已经有一百多年的历史，从1988年开始规模化、产业化种植后，目前已成为全国种植面积最大、产量最高、品质最优的咖啡主产区和咖啡贸易的主要集散地。普洱生态优越、日夜温差大、降雨充沛、低纬度、中海拔，非常适宜咖啡的种植生长，“思茅小粒种咖啡”已经成为这里的著名品牌。普洱咖啡内在品质上乘，被国际咖啡组织（ICO）认定为一类产品。自2006年起，东莞雀巢有限公司每年从普洱收购的咖啡中抽样送云南出入境检验检疫局进行检测，日本“肯定列表制度”禁用和限用的农业化学品均未检出。雀巢咖啡公司新推出雀巢精品咖啡（Limited Edition），其原料豆即为普洱优质的思茅小粒种咖啡。而日本的达依那姆综合投资株式会社（北京吉意欧咖啡有限公司）也在日本注册了思茅小粒种咖啡。普洱咖啡因为品质好、无农残，在国际上已有相当的知名度。

名　称	地　址	联系电话
普洱爱伲集团咖啡有限公司	普洱市思茅区茶城大道62号	0879-2127988
普洱漫崖咖啡实业有限公司	普洱市宁洱县宁洱镇茶源商业街2幢	0879-3209515

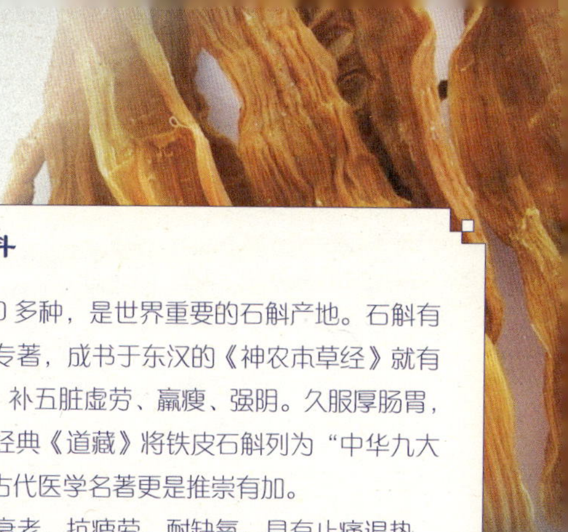

石斛

石斛，属兰科，普洱市共有野生石斛 80 多种，是世界重要的石斛产地。石斛有极高的药用价值，在我国现存最早的药物学专著，成书于东汉的《神农本草经》就有记载：“石斛味甘平，主伤中、除痹、下气，补五脏虚劳、羸瘦、强阴。久服厚肠胃，轻身延年。”成书于一千多年前的道教医学经典《道藏》将铁皮石斛列为“中华九大仙草”之首。《本草纲目》《名医别录》等古代医学名著更是推崇有加。

现代医学证明，石斛能提高免疫力、抗衰老、抗疲劳、耐缺氧。具有止痛退热、辅助抑制肿瘤、治疗糖尿病和萎缩性胃炎的作用；对烟酒过度、劳累过度、夜生活过度、用眼用脑过度、声音嘶哑等症有特殊疗效。石斛可泡水，也可与鸡、猪肉等同煮。

石斛的花朵非常美丽，亦可作为盆栽观赏。

思茅山珍：香菌、黑木耳、干笋

思茅气候温和、雨量充沛，大量的香菌、黑木耳、蕨菜、竹笋等山珍生长旺盛。香菌又叫香蕈、香菇，属食用菌，野生自然繁殖为主，立春前采摘叫冬菇。香菌营养丰富，含有较高超蛋白、脂肪、维生素 D，具有益元开胃功效，能预防软骨病，对流行性感冒、糖尿病、肿瘤等有一定疗效，为国内外市场畅销的地方传统珍品。思茅的香菌主要用于外销，产量供不应求。黑木耳，亦名细木耳，营养丰富，可供食用和药用，历来享有“山珍”“素中之荤”的美称，含有丰富的蛋白质、脂肪、碳水化合物、维生素和钙、磷、铁等，具有益气、活血、润肠、清肺等功效，还能配合治疗寒湿腰痛和产后虚弱、痔疮、血痢等多种疾病。干笋也是营养丰富、广受喜爱的美味山珍。这些土特产，在农贸市场和超市均有出售。

珠宝首饰

思茅天然水晶项链

思茅天然矿物工艺品开发公司位于普洱市思亭路北段，这里所生产的天然水晶石项链，有精细加工而成的水晶珠子数十个，通过反光小面成串构成，对射入的光束从不同角度产生反射，光彩斑斓。天然水晶性凉，具有微妙的压电效应，与人体长期接触，能产生镇静安神功效，佩戴水晶项链，颈部的血管、神经能得到良性柔和的按摩，使人神清气爽，增添不少魅力。

玉石翡翠

来思茅购买珠宝，推荐您到茶城老金珠，这是一家在思茅经营较长的老店，经营种类有：钻石系列、千足黄金、铂金、钯白金、银饰、天然翡翠及工艺精湛的彩金系列，并成为中国知名品牌香港“六六福”钻石和香港“金嘉利”钻石的思茅总代理。每一件饰品设计风格时尚、精致、典雅大方，并以品质为保证，深受茶城人民的信赖和厚爱。

精品酒店

普洱开元梅子湖温泉酒店位于梅子湖风景区内，距离市区3.5公里，普洱机场5公里，是一家由云南长江同创置业有限公司投资建设、“中国饭店业集团前2强”开元酒店集团经营管理，集餐饮住宿、宴会会议、休闲娱乐等为一体的豪华度假型酒店。

普洱开元梅子湖温泉酒店
NEW CENTURY SPA & RESORT PUER
PUER CHINA

中国云南普洱市思茅区梅子湖风景区　邮编:665000
Meizi Lake Scenic Spot,Simao,Pu'er,Yunnan,665000,China
电话/Tel:(86)(879)-231 8888　传真/Fax:(86)(879)-231 8999
电邮/E-mail:info.kype@kaiyuanhotels.com　网址/Http://www.kaiyuanhotels.com

星级	名称	电话	地址
精品酒店	开元梅子湖温泉酒店	0879-2318888	普洱市思茅区梅子湖
精品酒店	小熊猫庄园	0879-3037000	普洱国家公园内
★★★★	圣安迪酒店	0879-2309777	普洱市思茅区茶苑路 38 号
★★★★	金凤大酒店	0879-2138777	普洱市思茅区人民中路 8 号
★★★★	景兰大酒店	0879-2121888	普洱市思茅区振兴大道 68 号（中心商务区内）
★★★	建华酒店	0879-2168588	普洱市思茅区人民东路
★★★	添翼酒店	0879-2839966	普洱市思茅区振兴南路 112 号
★★★	泰安达大酒店	0879-2195566	普洱市思茅区白云路中段
★★★	朝林大酒店	0879-2158991	普洱市思茅区柏枝林路 18 号
★★	天龙大酒店	0879-8887988	普洱市思茅区人民东路 6 号
★★	财培中心	0879-2305858	普洱市思茅区鱼水路 9 号
★★	南疆酒店	0879-2137889	普洱市思茅区振兴中路 27 号
★★	锦云酒店	0879-2122778	普洱市思茅区振兴大道 95 号
★★	万达大酒店	0879-2124800	普洱市思茅区振兴大道 15 号
★★	金德酒店	0879-8255558	普洱市思茅区人民西路 71 号
★★	广利酒店	0879-2309699	普洱市思茅区振兴大道 131 号
★★	春红酒店	0879-2124389	普洱市思茅区机场路
★★	高园酒店	0879-2135149	普洱市思茅区人民东路 23 号
经济型	普洱曼城商务酒店	0879-3033777	普洱市思茅区茶城大道 46 号（阳光新城新天地商业区）
经济型	乾合大酒店	0879-8889866	普洱市思茅区茶城大道 64 号
精品客栈	茶马驿站	0879-2880998	普洱市思茅区顺城街 34 号

哈尼之乡
回归之城
双胞之家

墨江

墨江县全县土地总面积 5312 平方公里，县政府驻地正处在北纬 23° 26′，北回归线穿过县城，把县城分为南北两半。每年的夏至日正午，太阳在这里转身，可以看到“立竿无影”的天文奇观，因此，墨江被誉为“太阳转身的地方”。由于独具特色的哈尼文化、北回归线文化和双胞胎文化在墨江交相辉映，被誉为“哈尼之乡、回归之城、双胞之家”。

旅游咨询电话：0879-4239208

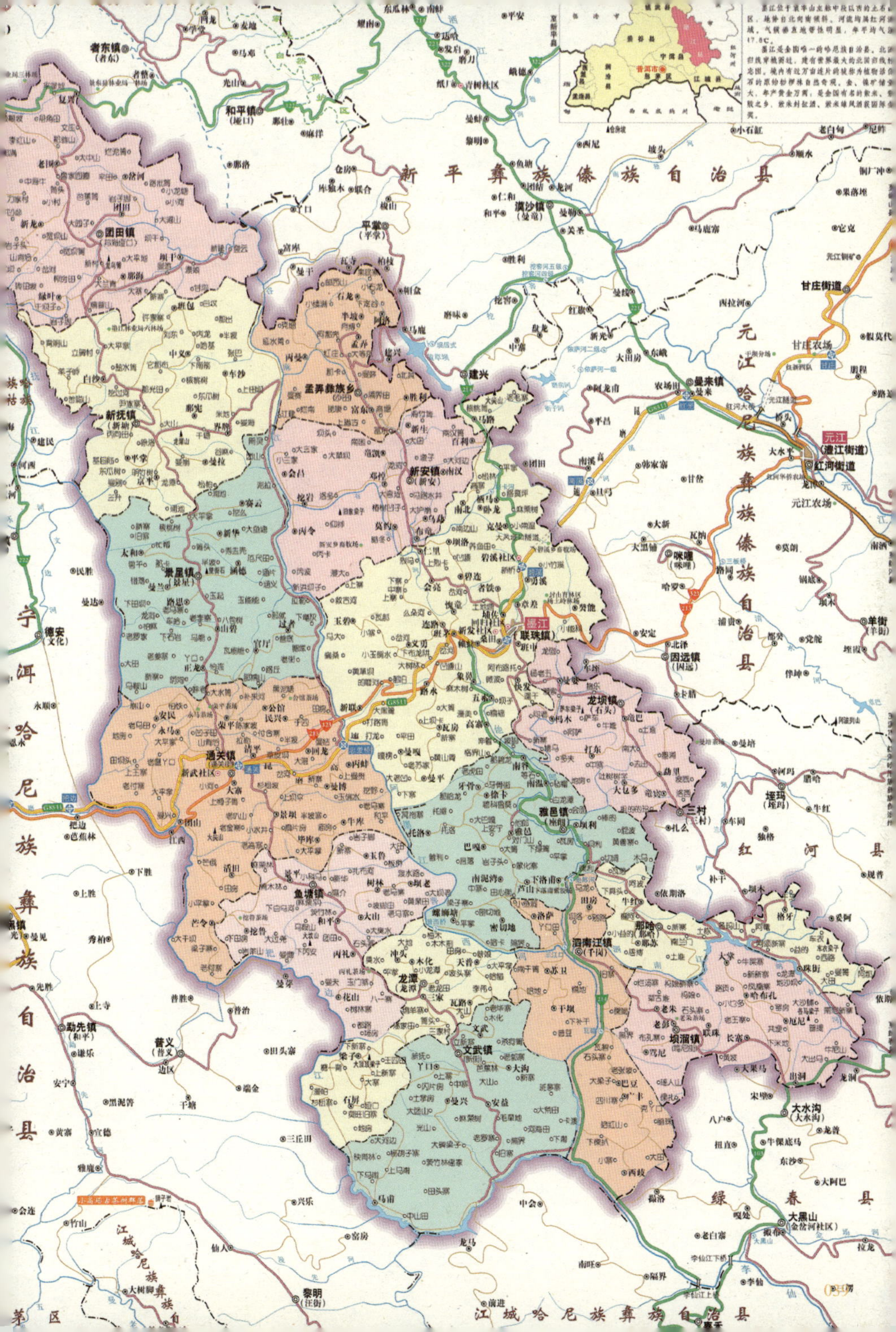
墨江位于哀牢山东麓中段以西的土石山区，地势自北向南倾斜。河流均属红河水系，气候属亚热带季风性……，年平均气温17.8℃。
墨江是全国唯一的哈尼族自治县。北回归线穿城而过，建有世界最大的北回归线标志园。境内有近万亩连片的以紫为主植物……罕见的原始杪椤林自然奇观。金、镍矿储量大，年产黄金万两，是全国有名的紫米、……之乡。紫米封缸酒、紫米……酒获国际……奖。
新平彝族傣族自治县
元江哈尼族彝族傣族自治县
宁洱哈尼族彝族自治县
红河县
绿春县
江城哈尼族彝族自治县
墨江
(联珠镇)
者东镇
和平镇
团田镇
新抚镇
景星镇
孟弄彝族乡
新安镇
通关镇
龙坝镇
雅邑镇
鱼塘镇
泗南江镇
那哈乡
坝溜镇
龙潭乡
文武镇
因远镇
漠沙镇
曼来镇
甘庄街道
元江
(澧江街道)
红河街道
咪哩
三村
垤玛
大水沟
大黑山
羊街
德安
勐先镇
普义
黎明

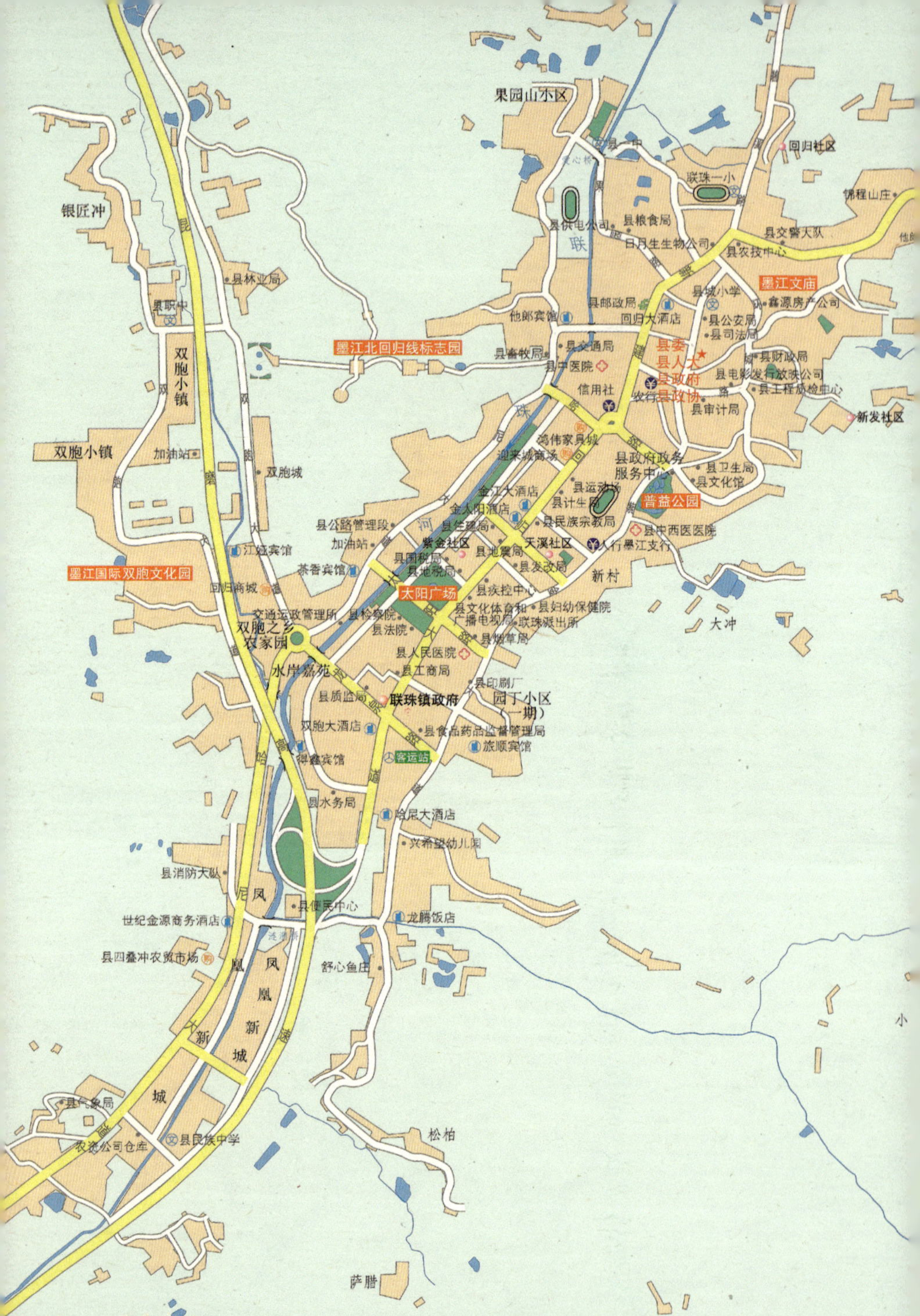
果园山小区
县一中
回归社区
联珠一小
锦程山庄
县供电公司
县粮食局
日月生生物公司
县交警大队
县农技中心
银匠冲
县林业局
县职中
县城小学
墨江文庙
鑫源房产公司
县邮政局
他郎宾馆
回归大酒店
县公安局
县司法局
墨江北回归线标志园
县畜牧局
县交通局
县中医院
县委
县人大
县政府
县政协
县财政局
县电影发行放映公司
县工程质检中心
双胞小镇
信用社
农行
县审计局
新发社区
鸿伟家具城
迎来城商场
县政府政务服务中心
县卫生局
县文化馆
双胞城
加油站
金江大酒店
金太阳酒店
县运动场
县计生局
普益公园
县公路管理段
县住建局
县民族宗教局
县中西医医院
紫金社区
天溪社区
人行墨江支行
江城宾馆
县国税局
县地震局
墨江国际双胞文化园
茶香宾馆
县地税局
县发改局
新村
回归商城
太阳广场
县疾控中心
交通运政管理所
县检察院
县文化体育和广播电视局
县妇幼保健院
大冲
双胞之乡农家园
县法院
联珠派出所
县烟草局
县人民医院
水岸嘉苑
县工商局
县印刷厂
县质监局
联珠镇政府
园丁小区（一期）
双胞大酒店
县食品药品监督管理局
客运站
旅顺宾馆
得鑫宾馆
县水务局
哈尼大酒店
兴希望幼儿园
县消防大队
县便民中心
世纪金源商务酒店
龙腾饭店
县四叠冲农贸市场
舒心鱼庄
凤凰新城
县气象局
农资公司仓库
县民族中学
松柏
萨腊
小

普洱宁县

墨江有345天为春秋季，20天为夏季，无冬季，距离思茅区159公里。1979年7月30日经国务院批准成立墨江哈尼族自治县，是全国唯一的哈尼族自治县。下辖12镇3乡，总人口37万，境内有哈尼、汉、彝、拉祜、布朗等25个民族，其中哈尼族人口23万，占总人口的62%。墨江位于哀牢山中段主脉以西的土石山区。地势自北向南倾斜，山势陡峭，重岩叠嶂。主要河流有把边江、泗南江、阿墨江、他郎河、布竜河、坝干河、那卡河、杩木河，简称“三江五河”，均属红河水系。墨江有345天为春秋季，20天夏季，无冬季。墨江县雨量充沛、干湿季节分明。每年11月至次年4月，因受大陆高原西部干暖气流的影响，天气晴朗少雨，空气干燥，为干季。5～10月，受印度洋孟加拉湾潮湿气流和北部湾太平洋潮湿气流的影响，降雨日多，形成雨季。因此，墨江县城环境优美，气候宜人，夏无酷暑、冬无严寒，素有“春城中的春城”之称，上万只飞燕长年驻足于县城，与人和谐相处，为县城增添了一道独特的景观，因此又被称为“万燕之城”。

墨江林产资源丰富，有林面积349万亩，森林覆盖率为49.3%。有国家一级保护植物3种、二级保护植物5种、三级别保护植10种。全球北回归线穿过的有19个国家和5个地区，其穿过的地方多数为沙漠或海洋，墨江是北回归线上的最大的一块绿洲，素有“绿色宝石”之美称。

墨江的双胞胎惊人地多。境内生活着1200多对双胞胎，其中北回归线穿过的村寨就有600余对，现健在双胞最多的一家有四代共7对双胞。据有关方面统计，双胞人口占世界总人口的2‰，而在墨江却占到了6.7‰，其双胞胎密度之大世界罕见，形成了具有地域特色的双胞文化。浓厚的双胞胎文化氛围，催生了一年一度的国际双胞节。每年的5月1日至2日，世界各地的双胞胎都会云集于此，共同庆祝属于他们自己的节日。人们到墨江，有的是为实现生双胞胎的美好愿望而来。“睡双胞床、喝双胞水、敬双胞神”，样样都少不了。在北回归线穿过的酒店里小住几日，前往朝觐双胞井，喝双胞井水，喝够了还不忘带上几壶回家送给家人朋友品尝。

哈尼人最擅长制作特色菜肴，特别是野菜，草根、绿叶、鲜花都能变成美味佳肴，南来北往的游人都能在这里找到自己中意的美食。距县城 12 公里处有一个双龙烧烤城，有人将其称之为“亚洲第一烧烤城”。在这里可以和当地农民一起赶“草皮街”，体验颇有特色的半自助烧烤，还可以购买到“麻脆”等特有的农特产品（每周三、六的上午为集中活动时间）。

这里建有全球建筑规模最大、设计最先进、功能最完整的北回归线标志园。县城新区的太阳广场，有表现哈尼族文化的浮雕、地平日晷、人体太阳钟、四象二十八宿、黄道十二宫、无影手、赤道式日晷等景点。墨江还有被称为“恐龙时代活化石”的万亩中华桫椤群、有久负盛誉的墨江文庙、被称为“小翠湖”的普益公园、龙泉滚珠、忠爱桥、普西铁索桥、双龙桥、烈士塔、茶马古镇、癸能哈尼山寨等名胜古迹。另外，墨江还有灿烂的哈尼文化，其中代表性的作品有哈尼史诗《洛奇洛耶与扎斯扎依》；哈尼歌舞代表曲目有《竹筒舞》《扭指舞》《拇指舞》《抢小帽》《醉鼓》《年舞》《山女》《哈尼酒歌》等等。每当夕阳西下，人们都会与身着盛装的哈尼同胞一起涌向太阳广场、月亮广场，在古老的歌声中跳起美妙的舞蹈。

出发，去墨江！

公路线路

昆明—墨江

全程高速公路，里程为264公里，行车时间约4个小时。

思茅—墨江

全程高速公路，里程为159公里，行车时间约2个半小时。

自驾车

县城至双龙，12公里，约半小时，从县城沿国道213线西南方向行使8公里右转，再行4公里即到。

县城到碧溪，从收费站向昆明方向行使8公里出站，再行1公里即到。

线路推荐

精品一日游

北回归线标志园—双胞井—墨江文庙—太阳广场

精品二日游

D1：北回归线标志园—双胞井—太阳广场 住北回归线上的酒店

D2：双龙烧烤城、碧溪古镇（或癸能哈尼山寨）

电站库区垂钓游

泗南江电站、三江口电站、居甫渡电站、龙马电站、崖羊山电站、石门坎电站

公共交通情况

墨江至昆明：里程264公里，约4个小时抵达。每天8：00、10：00、11：00、12：30、2：30、17：00、22：00发车，票价103—110元/人。

墨江至普洱：里程159公里，约两个半小时抵达。每天7：40—18：00每隔40分钟发车，票价64—67元/人。

墨江至景洪：里程275公里，约4个半小时抵达，每天11：50和15：00发车，票价108元/人。

公交车：县城交通主干线均可乘车，收费1元/人。

出租车：县城内5元/次，出县城周边5公里内10元/次。

到双龙或碧溪，发车点地：老客运站。从8：00—18：00每30分发车，收费4元/人。

地理位置：县城内。国家 AAA 级旅游景区
景区咨询电话：0879-4231351
门票：60 元 / 人，，现役军人、残疾人及 70 岁以上老年人免票，学生及 60 岁以上老年人半票；电瓶车票：单程 15 元，往返 20 元。

北回归线标志园

墨江北回归线标志园，是目前世界上规模最大的北回归线纪念性建筑，整个建筑实体以长约 500 米的北回归线线段为中轴，由回归之门、太阳之路、夸父追日、石环（石阵）、超越、日月交辉（春夏秋冬）、古日晷、主标塔（主标馆）等组成的天文科普乐园，表现了人类对天体科学的探索与认识；每年夏至日（6 月 21 日或 22 日）正午，太阳光将垂直照射于北回归线上，产生“立竿无影”的天文奇观，且从这天起太阳光渐渐南移，因而墨江又被誉为“太阳转身的地方”。

当夏至日站在这里，身处春夏两季的交替时刻，时间和空间在这里巧妙结合，你将对自然、生命、阳光有一种新的理解。

玩家点评

墨江太阳广场

地理位置：县城内

玩家评语：站在这里，很容易想起那首气势恢宏的意大利民歌《我的太阳》，还有心中的那个人：啊，多么辉煌，灿烂的阳光！暴风雨过去后天空多晴朗，清新的空气令人精神爽朗。啊，多么辉煌灿烂的阳光！还有个太阳，比这更美，啊，我的太阳，那就是你！

墨江太阳广场建于2003年，是墨江城的标志。广场占地27亩，建有《洛奇洛耶与扎斯扎依》浮雕、地平日晷、人体太阳钟、四象和二十八宿、黄道十二宫、赤道式日晷、无影手等15个特色景点；以雕塑为主，融天文、地理、观赏、休闲为一体，在继承传统民族文化的基础上，用现代的手法来表现，气势恢宏、布局精巧、内容丰富、雅俗共赏，反映了墨江人民对太阳的崇拜。在这里，可以利用太阳光，直观地测出时间、季节和方向。

普益公园

普益公园始建于1933年，由“普益社”古建筑与小花园组成，设计新颖，风格别致，一年四季鸟语花香，被誉为“墨江小翠湖”。公园亭柱中挂着由墨江或在墨江工作过的文人墨客创作的名联佳句，有的是用汉语和哈尼语连成，十分有趣。

地理位置：县城南门口

玩家评语：“一去二三里，烟村四五家，楼台六七座，八九十枝花”，这首诗的意境，是始建公园的总体思路。

墨江文庙

地理位置：县城内

玩家评语：站在魁星阁上凭栏远眺，墨江县城，可尽收眼底。

墨江文庙位于墨江县城东北九叠联珠第七叠上，始建于清道光元年（1821年），历时十年建成，建筑群占地7600平方米，建筑面积1600平方米，气势宏伟壮观。墨江文庙有“三奇”。第一奇“昆虫惧蛀”：建筑所需木材为球香树，其特点一是不被虫蛀，因此，文庙里即便没有人来打扫，长年累月也不会有蜘蛛拉丝；第二奇“枯木复舒”：文庙里最古老的一株树已有2500多年，几乎与孔子同年同长，前几年文庙破烂失修，它已经枯死了，后政府拨款重修文庙，它奇迹般地长出新叶来；三奇是“青龙托梦”：文庙正大门石级处有一破损的青龙石碑，这块青龙石碑在四清运动中遭到破坏，并长年埋藏在土里不为人知。奇怪的是，在重修文庙的头天晚上，原文庙管理所的所长做梦，在文庙里的某个角落，从土里升起一股青烟，随即一条青龙腾空飞。第二天，这位所长率领工人，在所梦的地方挖开地面寻找以前损坏的建筑物，让人惊喜的是奇迹般地发现了这块青龙石碑。

双胞文化园

玩家点评

墨江县城有一家紫金宾馆，北回归线刚好穿过305、405、505、605四个房间，据说，住在这几个房间里的新婚夫妇就会生双胞。这些年来，特别是每年“夏至”6月21日或22日前后，许多新婚夫妇都会来争相订住这几个房间，这几个房间的价格因此远比其他的房间要贵得多，一晚600多元。如果准备结婚生子的人，可以去试一试。

河西村民风纯朴，因有保存完好的哈尼文化和神奇的双胞井而名扬四方，全村30户人家中，有7对双胞胎，这种概率是相当惊人的。另外，双生植物、双子雕塑遍布园区，这里向人们展示出一个双胞的丰富、多彩世界，让你细细品味双胞文化的韵味。双胞井里的水四季充盈，冬暖夏凉，清冽甘美。当月亮升起的时候，劳累了一天的哈尼少女会三三两两地来到井边，沐浴着如水的月光，打水洗浴。不知是不是长期在这里淋浴的原因，还是北回归线穿城而过造成的神灵造化、天人合一的原因，这些哈尼少女们谈婚论嫁后，到分娩时大都会生下双胞胎。更为奇特的是，远方来的客人喝了双胞井的水后会神奇地怀上双胞胎，致使双胞井声名远播。传说，双胞井与村外山脚下的标杆井是一对情侣，每当月朗星稀的夜晚，双胞井就会去与标杆井相会，每次鸡叫前都会飞回来。有时他贪恋标杆井不肯回来，双胞井水位就会下降，而且变得浑浊。村民们遇上这种情况总会到井边祈祷双胞井尽快回来，解决村寨里的饮水困难。后来，为了避免井水变浑，村民们便用一围多粗的大树挖成一个空心筒放进井中，罩住双胞井的影子，提醒他早些返回。木头罩下去以后，井水水位下降或者变浑浊的情况几乎没有了。现在只要仔细看，还能看见那棵木头呢。

碧溪古镇

地理位置：碧溪古镇位于县城北部，距离县城9公里

交通情况：全程柏油路。从收费站向昆明方向行使8公里出站，再行1公里即到

玩家评语：保护完好的古建筑让瓦背上的夕阳都显得那么沧桑凝重，连断墙上的小草和风都有油画般的感觉。

碧溪古镇原名碧朔，又叫恭顺，明永乐四年（1406年）设恭顺州，碧朔为恭顺州驻地，建有城垣，其历时长达127年之久。1919年改名为碧溪，当时小镇东西两侧各有一条清澈见底的小溪。古镇主街道呈十字形分布，将古镇划为四个片区，四周曾建有城乡，有东、西、南、北四门，呈十字形结构。镇内民居以四合院为主，有“四合五天井”“四合院”“三房一照壁”“跑马转角楼”“一颗印”等，雕花刻镂，造型庄重优美，并把防水、防旱、防盗的科学理念设计其中。古镇人杰地灵，曾出现过许多名门望族，其中就有“光复英雄，护国将军”之称的庾恩旸，墨江人将其兄弟三人称之为“庾氏三雄”。古镇是茶马古道上的一个重要驿站，也是普洱市保存较完整的一个古镇。2005年碧溪古镇被列入云南省重点发展的60个旅游小镇之一。

金马通关

地理位置：通关镇位于墨江县城西南部，距离县城 44 公里

通关镇自古以来就是“茶马古道”的主驿站之一，从清朝光绪年间至民国时期是思茅、普洱通往昆明的主要驿道，是西南物资交流的重要商道，因此，被誉为“官商大道”。2005 年在茶马古道和茶埠古镇旁的中科山上建起了通关金马公园，园中有观景塔，塔上矗立着腾飞的金马塑像。金马塑像是通关的标志性建筑，基座高 14.8 米，像高 7 米，象征着这个因马帮而繁荣的小镇如同金马一样跃跃欲飞，奔向更灿烂的明天。通关古街道、马店、商号、民居、文物保存较好。该镇景区“金马通关”气势恢宏、青山环抱。可以远眺连绵不断的哀牢群山、看日出、观雾海、鸟瞰古镇和星罗棋布的村庄。到通关，可以登中科，看金马，观哀牢群山、云海日落；走茶马古道，访茶埠古镇。昔日“茶马古道”上不断的马铃声仿佛就在耳边忽起忽落。

癸能哈尼山寨

地理位置：墨江县联珠镇癸能村，距离县城 13 公里

癸能山寨是典型的哈尼村寨，依山傍水，这里世居着哈族九大支系之一的豪尼（又称布都）2000 余人。山寨具有独特的自然风光，山寨前方、左右有数百亩梯田及鱼塘和菜园，后面是竹林、茶地、柏木林。走进山寨，豪尼人典型的土掌房密集，街道狭窄，房屋间距小，一家连一家，一层连一层，高低错落，基本保持了远古民房的建筑风格，承载着厚重的民族文化。寨脚是“附舍摇”（哈尼语，即淘金）的水癸河，河里的沙富含金厂矿区流出来的黄金。曾经，村民来到河里把河沙用铲子铲起放入摇箩里，一手摇动摇箩，一手不停地把水浇在摇箩里的河沙上，含金的细沙顺床板下流，堆积在床槽底，再把床槽底的细沙放入金盆里，加入水银，用白布过滤，黄金就出来了。沿着这条路直走，便是村中的圣地——竜林所在，这里是他们祈福的地方，到了林里面，不可以大声讲话，不可以采摘里面的树叶，假如有戴帽子的，一定得把帽子取下来，才可进入，这也是表示人们对圣地的崇敬之情。

他郎八景

玩家评语："人世几回伤往事，山形依旧枕寒流"，从一些景点的留存兴废，可以看到时间之强大，大自然之强大，所有人和人工的东西在其面前显得那么渺小。所以要珍惜，这是我们人类在时间和大自然面前唯一能够也应该做的事。

墨江县原名他郎厅，清道光年间，当地的文人学士曾将境内的风景名胜，择优选出八景，并得到他郎通判的认可，一直流传至今。

·九叠联珠。为县城东北的联珠山，从土地塘梁子起，迤逦至县城，共为8个山包，形如一串翠绿色珍珠，后来又在第八个山包下建了一座寺观"观音阁"，凑成九九之数，故名"九叠联珠"。九叠联珠第4、5、6、7叠上分别建有玉皇阁、三义庙、文庙、中学、县衙门。现玉皇阁、三义庙已毁。

·双溪绕阁。观音阁建在天溪河和涟漪河交汇处，两河环绕观音阁交汇后向南流去，故得名。现观音阁早已拆毁，景点不复存在。

·青烟古洞。位于县城西3.5公里处的哺佐村头一棵大树旁，有一岩洞，从洞口终年冒出一股袅袅青烟，人们可根据青烟而卜吉凶。后来因前往参观祈祷者络绎不绝，当地百姓不堪重负，遂用铁锅将洞口盖上，用土填实，从此再无青烟出现。现此景点已无。

·双峰叠键。位于城南12公里的双龙乡五素村，指"五素尖山"和"五岗山"两山，两峰对峙、形容叠键。双峰叠键还有一个美丽的传说：相传哈尼族祖先阿基洛奇洛耶和密扎扎斯扎依为反抗强暴，争取婚姻自由而双双逃到他郎河边。为堵追兵，洛奇洛耶便从天下挑来两座山，要堵住他郎河水，使之变成大海，但正挑到河中，突然扁担铜销断了，两座山便掉在河两岸，长成了两座高大的尖山。

·笔架连峰。指城南5公里桑田村后的山峰，三峰耸立，形如笔架，故名。旧时在山顶建有一石塔，名"文笔塔"。现文笔塔已毁，只留遗址。

·龙泉滚珠。在城南桑田村旁龙树脚下，有一池塘，名龙泉，水从塘底向上翻涌，冲动塘底白沙，滚动如珠，故名"龙泉滚珠"。1993年拨款捐资重新修复，四周古木苍苍，水气弥漫，尤其是盛夏，人临其间，只觉凉风习习暑气顿消，是避暑游玩的好地方。

·碧岫灵仙。在县城西北22公里的遮碧山，古时有一石洞，常见彩云绕护。隐士余成龙曾在山上结茅庐修炼，山顶原建一座庙，传说庙内住有仙人，故又名"仙人城"。现无遗迹，景点亦不复存在。

·墨江锦澜。位于阿墨江瞻鲁坪大桥（现忠爱桥）下的江面上，每当下午，夕阳余晖照射，清风徐来，江面上金光万道，水波粼粼，颇为壮观，故名"墨江锦澜"。

中国·墨江北回归线

国际双胞胎节暨哈尼太阳节

时间：每年5月1日—2日

双胞报名电话：4238013 旅游咨询电话：4239208

在墨江这块神奇的土地上，动植物双生、孪生现象不胜枚举，全县共有1200多对双胞胎，仅北回归线附近就有600多对双胞胎，被誉为迷人的“双胞之家”。为了进一步提升“哈尼之乡、回归之城、双胞之家”“太阳转身的地方”的文化品牌效应，墨江每年举办的“中国·墨江北回归线国际双胞胎节”。届时，将有大量的国内外双胞胎前来聚会欢庆，节庆活动期间，将有大型主题晚会——“相约阿墨江”、千对双胞大巡游及哈尼抹黑脸狂欢活动、北回归线上婚礼、双胞系列活动、双胞选秀及双胞走秀、哈尼歌舞表演、双胞文化展览等。中央电视台、云南电视台等上百家电视、报纸媒体报道过双胞胎节的盛况，特别是中央电视台先后有多个频道来此拍摄过专题片，使墨江的双胞胎和双胞井在海内外引起了广泛关注，吸引了国内外游客纷至沓来。

美食墨江

墨江是全国唯一的哈尼族自治县，北回归线穿城而过，境内山高林密、风光绮丽、气候宜人、土地肥沃，立体气候明显，适合于各种农作物的生长，盛产各种山珍野味，是最好的食材原产地。勤劳智慧的哈尼人无论上山砍柴、锄地，或下田插秧、锄草，总喜欢随手采集一把可以食用的野菜、野花、野果带回家，如甜菜、树头菜、羊奶菜、灰条菜、蕨菜、水芹菜等等，用你想象不到，而且最简单、最新鲜的食材，做出最自然、最原味的人间美味菜肴。走在墨江小城，从清晨到夜晚皆散发着诱惑的味蕾因子，新鲜的原材料、奇特的搭配、自然的味道、实惠的价格，受到了广大食客的青睐，吃墨江美食逐渐形成了一种新风尚。路过墨江的游客，不妨停下你匆匆的脚步，在墨江不仅可以体验浪漫哈尼情，感受神奇回归城，邂逅迷人双胞胎，还可以品尝人间美食。

墨江肉心水酥：在普洱市的墨江、宁洱、思茅一带，有一道婚丧喜事中宴请客人的传统名菜“肉心水酥”。以墨江的较有名。肉心水酥的特点是既泡又酥，又香又甜，既是菜又是汤，男女老少均爱吃。做法是，取瘦猪肉剁成肉末，拌入炒熟的花生仁后捏成小肉团子；并裹上一层用鸡蛋、小粉调成的蛋糊，然后放入油锅中，用文火炸至微黄取出晾干，然后再放入清鸡汤或猪排骨汤中煮至浮起，再撒进味精、胡椒粉，然后舀入装有豌豆尖的菜碗里即成，人们称它为“压桌菜”。过去人们去做客。往往要包带“筵水”，而这肉心水酥，就是在宴桌上老太婆们最喜欢包回家的一道“筵水”重点菜。

墨江腌蚂蚱：蚂蚱即是危害农田庄稼的蝗虫，它来吃庄稼，墨江人就把它捉来腌吃了，变害为利，实在特别，腌蚂蚱成了墨江别具风味的一道地方名特小食品。其做法是，每当秋天，稻田里的庄稼收割后，人们就下田将蚂蚱捉来，剪去翅膀和小脚，除去肠肚，用水淘洗晾干。然后放入锅中用文火炒黄起锅，待冷后，拌入食盐、姜、蒜、辣子、花椒、八角、红糖、白酒，装入咸菜罐中腌起来，十天半月后即可食用，可以随吃随取！保持味道酸香可口，是当地招待客人、馈赠远方亲朋好友的一道地方菜，远近有名。

墨江麻脆：这是一种独特的年货小食品，每逢春节前夕，墨江年货街上就出现制作成花鸟虫鱼、飞禽走兽的小东西，它不是纸片做的儿童玩具，而是一种精美的民间手工艺食品，即用油锅炸后膨胀起来的供食用的墨过“麻脆”，它的特点是脆酥香甜，黏而不腻。其做法是，选用上等糯米浸泡后拌以甘蔗汁蒸熟，兑进“麻脆药”（一种藤子根揉出的汁液），将其舀成粑粑，捞成薄片，剪折成花鸟虫鱼飞禽走兽图案，涂绘上红颜色，晾干后穿成串出售。要吃时放入油锅一炸，体积可膨胀数倍，虽是盘中物，其造型却精美奇妙，放入盘中，既是可供食用的糯米食品，又是一种造型奇特的民间手工艺品，食者皆赞不绝口，是思茅地区各族群众喜爱的美食，更是春节期间赠送亲朋好友的佳品，远近闻名。

墨江紫米封缸酒：墨江酒厂80年代中期开发的甜酒类产品，一出现就受到了广泛的喜爱和好评。这些甜酒包括紫米封缸酒、木瓜酒、橄榄酒和樱桃酒沙土利口酒。紫米封缸酒系选用墨江北回归线特产紫米精工酿制而成。酒色金黄微红，香气浓郁，质高味美，营养丰富，酒度低，广受欢迎。

墨江油炸竹虫：竹虫是竹蜂的幼虫，而竹蜂是一种危害竹林的害虫。它在嫩竹内产卵孵化，幼虫靠吸食竹内壁之肉质和水分生长，一旦被其危害，嫩竹即不能生长成材。竹虫呈白色，形状似虫草，人们把竹虫拿来用开水氽后用油煎炸香后食用，十分香脆可口。

墨江清炖石蚌：石蚌为蛙类之一种，生长在深山等沟的溪流石缝之中，体大如蟾蜍，四肢肥胖，肉质较牛蛙为优，为云南山箐中之水产品，墨江产量较多，拿来用作清炖，配以葱花、胡椒、食盐、味精等佐料，即可食用，是用来招待客人的一道好汤菜。

墨江美味特色农家乐

名称	电话	地址	特色菜
★舒心鱼庄	0879-4336666 13577950559	墨江县联珠镇班中村村委会门口	鬼火绿、红烧肥肠、大块鸡、紫米肠、烤三线肉
★绿草地农家园	13312771820	墨江县联珠镇双龙村小寨	烤甜笋、烤肉、烤豆腐、春民国菜
★新桥农家园	08794232363	墨江县联珠镇班中村村委会	凉鸡、腊鹅、神腿、紫米鸡、虫娄鸡
★天溪餐厅	0879-4232651	墨江县新建路	鸳鸯瓜、南瓜粥、南瓜饼、笋卷、鲜笋锅贴、鲜笋蜂窝饼、紫糯八宝鸡、孔雀迎宾、紫糯松毛鸡
★碧溪古镇农家	0879-4511516	墨江县碧溪古镇	首乌肚、酸浆豆腐、炸卤肠

"★"为市级特色餐饮店、农家乐 "★"为县级特色农家乐

墨江篾器：墨江山高林茂，盛产竹篾。墨江篾编工巧细腻，历史悠久，深受边疆群众喜爱的细花篾帽、细花背篓就是其中代表。细花篾帽为金竹篾片编织的圆形雨帽，做工精细，用薄如纸的篾片和细如棕丝的篾丝编织成各种花纹图案，涂以桐油，是哈尼族特有的精制手工艺品。细花背篓用竹篾片、篾丝编成，上口大，底部小，长60米的四方形背篓，身涂桐油，配上藤篾细片或棕丝织成背带，小巧玲珑，惹人喜爱，是哈尼族青年常用的定情物，由于质地坚韧，一个细花背篓往往可以与一对情人相伴终生。墨江篾编，远近闻名。

墨江紫米：北回归线上的墨江紫米是滇西南的特产，因米呈紫黑色，故得名。属糯米类，俗称“紫珍珠”。《红楼梦》中称之为“御田胭脂米”。墨江紫米以粒大饱满、黏性强，蒸制后能使断米复续，质地醇厚而著称，远销京、津、沪、杭及香港等地区。《本草纲目》记载：紫米有滋阴补肾、健脾暖肝、明目活血等作用。紫米中含有丰富蛋白质、脂肪、赖氨酸、核黄素、硫安素、叶酸等多种维生素，以及铁、锌、钙、磷等人体所需微量元素。是煮食、加工副食品、食疗的佳品。香润可口的紫米粑粑、紫米甜白酒、大枣紫米粥、紫米三七炖鸡、紫米八宝饭、紫米汽锅鸡、紫米葫芦鸭深受群众喜爱，具有滋补作用。用紫米烤制的墨江“紫米封缸酒”，荣获巴黎国际博览会金奖，名声远播海外，十分畅销。

其他特产：麻脆、饵块、甜脆柿饼、野生菌、竹笋、香菇、木耳、白参、天溪紫谷酒、柏木烟筒、柚木烟筒、木雕花盘、三弦、金银饰品等。

购买地点

回归土特店：地址北回归线标志园门口。联系电话：13759648382。
啊墨江野生土特产店：地址回归大道旁民宗局一楼。联系电话：13987933079。
宏利土特产：地址回归大道旁联珠办公楼一楼。联系电话：13578176289。
天溪土特产店：地址回归大道旁八六楼。联系电话： 13577904384。
哈尼服饰店：地址民俗步行街。联系电话：13987098619。

住·在墨江

星 级	名 称	电 话	地 址
★★★	双胞大酒店	0879-4333888	墨江县回归大道 5 号
★★	天溪宾馆	0879-4236818	墨江县新建路 76 号
★★	紫金宾馆	0879-4232940	墨江县新建路 59 号
★★	他郎宾馆	0879-4235226	墨江县新建路 27 号
★★	太阳宾馆	0879-4238881	墨江县联珠大道 E 区
★★	交通宾馆	0879-4236999	墨江县汽车客运站
经济型	金江大酒店	0879-4336111	墨江县回归大道 25 号
经济型	哈尼大酒店	0879-4237111	墨江县回归大道 4 号
经济型	科技宾馆	0879-4239000	墨江县联珠大道 15 号
经济型	家和宾馆	0879-4233518	墨江县恭顺街种子站

茶之源
道之始

宁洱

宁洱具有相对明显的区位优势，位于云南省南部、普洱市中部，地跨北回归线，南临东南亚周边国家，昆曼国际大通道与弥宁公路、景宁公路在宁洱交汇，是滇南连接东南亚和南亚的交通要道。

旅游咨询电话：0879-3232248

镇沅彝族哈尼族拉祜族自治县
景谷傣族彝族自治县
墨江哈尼族自治县
宁洱
思茅区
普洱市
江城哈尼族彝族自治县
景谷
(威远镇)
凤山
田坝
(田坝)
古城镇
(古城)
新抚镇
(新嫁)
景星镇
(景星)
通关镇
鱼塘镇
孟弄彝族乡
新安镇
(新安)
正兴镇
(景南)
梅子镇
(民乐)
德安
(文化)
恩永
宽宏
(卧虎)
磨黑镇
(星光)
宁洱镇
德化镇
(勐泗)
勐先镇
(和平)
普义
同心镇
黎明
(汪街)
康平镇
(营盘山)
南屏镇
倚象镇
(大寨)
思茅镇
龙潭
(龙潭)
文武镇
宝藏
(永城)
民政
勐乃
通达
卫国局二林场
省卫国局一林场
普洱
那柯里
宣德
雅鹿
竹山
黑泥箐
曼海
石膏井
勐戛
三尖山
大开河
南岛河
思茅林管区野生动物养殖场
芒苔农场
曼歇坝
南邦河
柏木河
鱼塘
营盘山
大地山
石膏箐
半坡
永庆
下寨
箐门口
曼窝
莲花
挖令
大箐
者行
波云
联齐
水平
新寨
正兴
半坡
平掌
曼克老
垤亨
大树脚
曼老街
景谷傣族
思
茅
区
江
城
哈
尼
族
彝
族
自
治
县
墨
江
哈
尼
族
自
治
县
景
谷
傣
族
彝
族
自
治
县

曼肥
卫国小
攀枝花
马路脚
市卫国林业局
马厂坡脚
县烟草专卖局
宁洱氧气厂
宁洱交警大队
石桥寨
大松树
教场坝
宁洱镇政府
镇二小
县职中
县水务局
县民族干部学校
教场坡脚
大板桥
袁叭寨
泡地
清真寺
园宝山
县交通运政管理所
中石化
县交通驾校
火柴厂
老黄箐
普洱中学（初中部）
县检察院
县交通局
县民宗局
民族茶艺馆
县妇幼保健院
东城、西城社区
茶源小区
云南普洱茶（集团）公司
龙潭公园
县国税局
公安消防大队
县质检局
文昌宫
县林业局
宁洱镇派出所
县畜牧局
宁洱宾馆
中国民族团结园
那整
土城
洱山公园
县社保局
普洱中学
镇第一小学
县国土局
悦亨宾馆
军供宾馆
客运站
茶乡大酒店
县地税局
县教育局
县司法局
县安监局
小龙宾馆
三家村
裕和村
人行县支行
县广电局
档案局
扶贫办
电信局
普洱大酒店
农贸市场
裕和生活广场
县人民医院
茶源广场
普洱宾馆
县粮食局
县康泰医院
老干部局
普洱茶街
移动公司
天生祥超市
县卫生局
茶树王酒店
县幼儿园
县建设局
天壁有限任公司
县直属小学
交通大酒店
帝豪大酒店
县种子站
县工商局
小何家寨
水泥厂
圆照寺
信用社
公安局
农行
法院
锦袍山公园
博翔商务酒店
盈成宾馆
明燕山庄
普洱古镇宾馆
县顺宁医院
供电公司
中石化加油站
新寨
公路管理段
东门山基督教堂
南城尚居
普洱古镇
喜来银宾馆
老杨寨
县审计局
县移民局
大山头
县政协
县人大
县委
县政府
省地质工程勘察总公司机械化分公司
县中医院
水碓河
县邮政局
路政管理大队
头塘
县森林公安局
横寨
水湾公园
宁洱客运站
县加油站
新塘村委会
大何家寨
瑞临线
昆曼线
昆洱线
宁湖路
凤宁路
天壁路
团结路
宏远路
振兴路
普洱大路
茶源路
水湾路
茶乡路
新民街
东山路
龙潭
洱河水库
滨河路
洱河水库

这里曾是一片水湾，是哈尼先民——濮人聚居的地方，称为“水边的寨子”，哈尼语发音为“普洱”。普洱茶的起源可追溯至古普洱地先民始于汉代的种茶制茶业，普洱的茶兴于唐宋，盛于明清，成为朝中贡品。明洪武十六年（1383 年）“普耳”定名，万历年间改称“普洱”。由于地处滇南要塞，清康熙三年（1664 年）在普洱设置元江分府，雍正七年（1729 年）改设普洱府。从此，这里成为集经济、政治、文化、军事中心于一体的滇南重镇。雍正十三年（1735 年）这里设置宁洱县，取意“安宁的普洱”，隶属同置一地的普洱府。民国时这里先后设普洱道尹公署、第二殖边督办公署、第四行政督察专员公署等。1950 年 5 月成立宁洱县，为普洱行政公署所在地。1951 年 1 月 1 日改名普洱县。1955 年普洱行政公署迁往思茅，改称思茅行政公署。1985 年经国务院批准设立普洱哈尼族彝族自治县，2007 年 4 月更名为宁洱哈尼族彝族自治县。特殊的区位使这里成为世界茶树原产地中心，普洱茶的原产地、加工地和集散地，“南方丝绸之路——茶马古道”的源头，是“新中国民族团结第一碑——民族团结誓词碑”和云南省第一所开设新学的中学——普洱中学（创办于 1902 年）的诞生地。这里集普洱茶文化、少数民族文化和现代文化于一体，历经沧桑，积淀深厚。让我们走进宁洱，去探寻“文化宁洱，风情茶乡，普洱茶都”，去解读普洱茶鲜活的灵魂，感受普洱茶“香飘千里外，味酽一杯中”的无穷魅力。

在百度的词条里，这样介绍茶马古道：“茶马古道是一个非常特殊的地域称谓，是一条世界上自然风光最壮观，文化最为神秘的旅游绝品线路，它蕴藏着开发不尽的文化遗产。”

>>> Go!

宁洱拥有集“山、水、林、洞、寺、碑”为一体的风景名胜旅游特色，并且各景区之间距离不超过 20 公里，向西有天壁山、龙潭、龙洞、太乙洞、温泉旅游线；向北有东洱河水库、松山自然保护区、观音山、小黑江旅游线。古有“天壁晓霞”“仙洞春云”“东岑兰萼”“西岭温泉”“茶庵鸟道”等俗称“普阳八景”的风景旅游点。现部分景点已不存在，但遗址犹存。新景点有普洱民族团结誓词碑、天壁山、观音山、小黑江森林公园、板山古茶树及茶园、把边江和小黑江低热河谷风光及咖啡园等，较之古景点有过之而无不及。

这里是被世人称为“南方丝绸之路”的“茶马古道”的起始点。茶马古道曾经起到过推动西南地区与全国乃至全世界的民族经济文化交流的作用，历来被历史学家所重视。宁洱的茶马古道遗迹多，而且保存得相当完好。其中以茶庵堂茶马古道、茶马驿站那柯里最为出名。

公路线路

昆明—宁洱

全程高速公路，里程约为390公里，行车时间约5个半小时。

思茅—宁洱

全程高速公路，里程为40公里，行车时间不到1个小时。

线路推荐

宁洱一日游

1. 酒店早餐—茶源广场—茶庵塘茶马古道—磨黑古镇—午餐—普洱茶厂—结束行程；
2. 酒店早餐—茶源广场—茶马驿站那柯里—午餐—困鹿山皇家古茶园—农家晚餐—民族团结园—民族茶艺馆—结束行程；
3. 酒店早餐—茶源广场—东塔公园—小黑江森林公园—午餐—西岭温泉—云南普洱茶（集团）有限公司—晚餐—结束行程；
4. 酒店早餐—茶庵塘茶马古道—磨黑古镇（杨丽坤故居）—午餐—西岭温泉—那柯里茶马古道驿站—石磨豆腐晚餐—民族茶艺馆品茶—结束行程。

精品线路

磨黑古镇—孔雀屏段茶马古道—民族团结园—茶源广场—回龙寺—那柯里

推广线路

南线：思茅区莲花乡—德化大河边（蔬菜基地）—绿荫塘（水体景观）—马鞍山瀑布—杨正元故居—西岭温泉—那柯里

中线：普洱山（观日出）—那柯里—民族团结园—困鹿山—观音山—西岭温泉

昆曼大通道：腊梅坡—那柯里—困鹿山—磨黑古镇—葡萄庄园—秀水温泉那柯里—游客服务中心—民族团结园—磨黑古镇—葡萄庄园—孔雀屏段茶马古道—秀水温泉

北线： 梅子镇（集镇建设）—德安兰庆村—磨黑秀水温泉—磨黑古镇—游客服务中心—那柯里

普洱山风景区

地理位置：坐落在宁洱县城西，距宁洱县城1公里
交通情况：登山可步行和车行，车行约20分钟

普洱山风景区海拔1838.3米，相对高差518.8米，面积5平方公里。普洱山属典型的喀斯特地貌地形，也就是我们常说岩溶地貌。由于岩石陡峭，拔地而起，山势如壁，耸入云天，故名“天壁山”。因位于普洱古城西门外，当地人又称它为“西门岩子”。普洱山最令人叫绝的是“天壁茶现”这一奇特的景观，大家请看，在普洱山山壁的“心脏”位置，有一片呈倒三角形的裸露岩体，岩体四周都是光秃秃的，却在岩体中部生长出一些绿油油的树木，远远望去，这些树木排列出的形状，是一个草书的“茶”字。

宁洱人常说：先有普洱山，后有普洱茶。据《元江府志》记载，普洱山历史上是出产普洱贡茶的名山，所产茶性温味重，异于他产，名普洱茶，道府官员用以入贡，称为“众茶之冠”。景区里还有天壁晓霞、仙洞春云、仙洞小石林等景点，因其雄、险、奇、秀，1996年被云南省人民政府批准为省级风景名胜区。其顶峰叫毡帽顶。从县城远眺，普洱山顶与一顶斜扣的毡帽十分相像。整个山顶怪石嶙峋，灌木遍及，酷似具有“天下第一奇观”的路南石林。

茶源广场

地理位置：县城内

茶源广场建于 2005 年，是普洱哈尼族彝族自治县成立 20 周年的献礼工程。茶源广场以普洱茶文化为轴线，体现出“文化宁洱、风情茶乡、普洱茶都”的精神风貌。整个广场投资 1600 万元，占地 82 亩。中有七子饼广场、茶马古道源头地理标识（茶马古道源头地理标识位于茶源广场内，是继大理古城地理标识之后，云南建立的第二座地理标志，极具云南特点。茶马古道源头地理标识的落地，对确立宁洱在茶马古道中的历史、文化和现代商品经济及社会地位，塑造新时代具有地方特色的历史地理文化具有十分重要的意义）、“茶之源，道之始”碑、清道光年间普洱府城图以及散落于茶源广场中反映宁洱作为普洱茶之源所产出的普洱茶文化与马帮文化的各组雕塑。

锦袍山公园

地理位置：位于县城东面的锦袍山

锦袍山公园古称“东岑兰蓼”，是“普阳八景”之一，它同“龙潭秋月”景点交相辉映，中秋的明月与东塔同时映在龙潭的水中央，微风轻抚，影影绰绰，别有一番风味。东塔始建于清代中期，嘉庆二十一年（1816 年）曾称凌云塔、文笔塔，塔高 35.1 米，塔基深 6.6 米，为方形石砖建筑，由衬钢筋水泥梁柱加固防震，基部边宽 9 米。空心檐，塔身 17 层高。公园里另有茗香亭、东塔广场、风雨桥等景点。

文昌宫门楼 地理位置：位于县城内凤新街头

文昌宫门楼始建于清道光二十三年(1843年)。同治元年(1862年)毁于兵燹，光绪六年(1880年)重修前殿，光绪二十三年(1897年)，重修崇圣殿，坐北朝南，南为门楼，为古典式汉族建筑。文昌宫门楼建造考究，屋架组合严密，雕梁画栋，工艺精湛，是我国劳动人民智慧的结晶，是普洱古府文化和茶文化的标志。

民族团结园 地理位置：位于县城内

民族团结园被国务院批准列为第六批全国重点文物保护单位;被国家民委授予“全国民族团结进步教育基地”称号。园内有享誉神州的新中国民族团结和教育第一碑——“民族团结誓词碑”。民族团结誓词碑立于1951年元旦，是当时的普洱专区26个民族的代表和党政军领导经过剽牛盟誓而立。它真实地反映了各族人民拥护、爱戴中国共产党的心愿，为滇南民族团结见证物。

观音山寺 地理位置：位于县城东北约6公里处的观音山上

观音山寺始建于明代万历年间的。寺内有清康熙六十年(1721年)立的观音寺常住香灯田碑，寺中今有弥勒佛、观音塑像，住有清斋教徒，释佛诵经，种蔬纺织，备办斋饭，方便游客。观音山山势险峻，森林茂密，环境异常清幽，树林主要是亚热带季风常绿阔叶林，鸟兽很多，有白鹇、原鸡、绯胸鹦鹉，大灵猫、果子狸等，山清水秀藏古寺，百鸟争鸣引游人。

西岭温泉 地理位置：位于县城以西约7公里处的阳广河头

温泉终年泉水喷发不断，这就是清代宁洱的“普阳八景”之一的“西岭温泉”。这里露天有一泉水塘，水质清澈见底，塘底数十眼突泉喷涌而出，如串串明珠撒落潭内，温泉旁有一条小溪静静流过，四周林荫鸟语，环境幽静。此温泉水含硫黄，可治皮肤病，浴后周身舒爽。清代宁洱县知县单乾元有《西岭温泉》诗曰：“寥抗洪炉静，天心热地藏。将予温气息，洗被冷肝肠。山映清波静，花飞流水香。春沂归浴后，吟啸若为狂。”现已建成露天温泉浴场，温泉流量可观，是浴泡温泉的好地方。

玩家点评

困鹿山有一棵茶树基围3.3米，树干胸围3米，树高26米，比镇沅县获上海吉尼斯总部大世界吉尼斯证书的最大古茶树还大得多。遗憾的是这棵茶树有一窝蜂子，为了获取蜂蜜，被人砍得只剩1.5米的树桩。所幸的是我们现在见到这棵茶树桩又发出了新枝。人间就是由遗憾和意外组成的。在进山的过程中，“路长人渴漫思茶，敲门试问野人家”，没想到，那个老人端出来的，竟是当年的贡茶，于是，我意外的免费当一回皇上。

困鹿山皇家古茶园

困鹿山，有一座遗落深山的皇家古茶园。困鹿山属无量山南段余脉，山中峰峦叠翠，古木参天，最高峰海拔2271米，是宁洱境内较高的山峰之一。困鹿为傣语，“困”为凹地，“鹿”为雀、鸟，“困鹿山”意为雀鸟多的山凹。这里生长着万亩野生古茶林，属较完好的原始茶树林群落，总面积达10122亩，是目前宁洱县最大的茶林群落体。困鹿山还是澜沧江水系和红河水系的分水岭。

困鹿山山高岭峻，云遮雾罩，雨量充沛，因而能“高山云雾出好茶”。听老辈人说，清朝年间，每年当大茶林（即困鹿山万亩古茶园）春茶采摘时节，官府就要派官兵进宽宏监制茶叶生产制作，并把制好的人头茶、七子饼茶、沱茶运去北京，进贡到皇宫里去。

史书云，当时困鹿山所产的贡茶“大者一团5斤，如人头式，名人头茶，每年入贡，民间不易得也”。有哪位朋友知道为什么要这样做呢？其实，当时普洱与内地相离甚远，商旅往来须经长途跋涉，运输十分不便，压茶成坨既便于长途运输，又便于称重交易。发展至今，压砣成块的外形已成为普洱茶与众不同的形态，可谓独树一帜，别具匠心。由于困鹿山一直保持生态管理，传统加工，多年来在普洱独占鳌头，外地人很难买到。困鹿山因出产贡茶有了一定的知名度。困鹿山的古茶林中有多年保存下来的参天古树，也是该县仅存的几处原始森林之一。

玩家点评

茶马古道，有些地方风景很好，有些地方只有一些蝉鸣和落花，有些地方，只有一些历史的叹息。找不到一串马铃或者马蹄，青石板，正渐渐被青苔所覆盖。其实，我们每个人都是马，梦想、责任是马背上驮着的茶和别的东西；人生，是我们的看不见终点的古道；那个拿着鞭子走在后面呵斥的赶马人，是生活。

茶庵塘茶马古道

让我们踏上这历史的古道，一同去感受普洱茶文化的源远流长，找回那失落的文明。茶庵塘段茶马古道约铺建于清嘉庆十七年至道光三年（1812—1824年），距今有近两百年的历史。茶庵塘历史上是古代宁洱至昆明的驿站，这里有茶馆、庙堂、马店，因地名叫茶庵，元明时期为重要的关哨汛塘之一，便叫茶庵塘。清光绪年间，清政府曾在茶庵塘设兵五名驻守。我们今天到此，已见不到茶庵塘当年南来北往、人叫马欢的驿站情景，也感受不到作为宁洱重要汛塘重兵把守、客商云集的山街风貌。物是人非，时过境迁，只有当年雄伟庙堂的石柱礅，还依稀仿佛向大家讲述着茶庵塘的繁荣与兴衰。出了茶庵寨子往北走，一直上坡，大家可以感到坡高又陡，石镶路呈“之”字形走向。茶庵坡陡山高，峰危路险，以前古道两边大树参天，难见天日，古人形容只有鸟儿才能飞过，故又称“鸟道”。因驿道蜿蜒险峻，万树成荫，风光独特，故在清代被宁洱的文人墨客誉为“普阳八景”之一的“茶庵鸟道”。

茶马古道是从唐朝时候开始形成的。是以古普洱府（也就是今天的宁洱县城）为中心向国内外辐射出的道路，它的主要功能是用马帮来贩运普洱茶，所以就叫“茶马古道”。茶马古道曾经起到过推动西南地区与全国乃至全世界的民族经济文化交流的作用，所以又被人们誉为“南方丝绸之路”。

那柯里茶马古驿站

地理位置：位于同心镇那柯里村，距宁洱县城22公里，距离思茅区24公里
交通情况：车行约30分钟

手磨豆腐、豆汤和豆渣是那柯里风味特产，您不妨每样点上一小盘品尝，也可夜宿“松多乐驿站”，体验一下马帮生活。

同心镇那柯里村是茶马古道上的重要驿站，也是现存较为完好的驿站之一，其历史价值很高，保留有县级文物保护单位的茶马古道那柯里路段和拥有百年历史的荣发马店、那柯里风雨桥等。整个驿站占地大约70亩，四面环山，两条小河相汇于此，山清水秀，自然生态良好。这里生活着彝族、汉族和苦聪人，他们主要以生产稻谷、玉米、茶叶、木材和松香为主。“那柯里”为傣语发音，“那”为田，“柯”为桥，“里”为好，“那柯里”的意思是说该村小桥流水，沃土肥田，岁实年丰，是理想的人居之地。

据说，原来这里是一个令人悲伤的地方，它原名叫“马哭里”，传说由于茶马古道十分难行，马帮过那柯里必须涉水蹚过村里的一条小河，再加上马驮重负，劳累的马儿行走到这里，面对清凉的河水，都流下伤心的眼泪，因而得名“马哭里”。爱马如命的马锅头几次上书官府之后，官府在这修建了“风雨桥”，从此，“马哭里”更名为“那柯里”。

新中国成立前，那柯里属关哨汛塘之要地，清朝光绪年间称“那柯里塘”，设兵6名，归中营左哨头司把总管辖。那时的那柯里是茶马古道上热闹繁忙的驿站，马帮往来不断，客栈、马店林立，小桥流水，人欢马叫，十分热闹。被称为“云南省第二首《小河淌水》”的《马帮情歌》就在这里诞生。2007年6月3日，宁洱县发生了6.4级强烈地震，那柯里民房严重受损。经过恢复重建，那柯里茶马古道驿站已经成为普洱市一处别具人文特色的旅游风景点。

古道流溪

这条古道穿过整个那柯里村，村民们又从山上引水下来，溪水伴随着古道，曲折悠远，有“小桥流水人家”“古道西风瘦马”所描述的那一种田园风光。那柯里茶马古道的路面全部用石板镶嵌，平整宽阔，虽然没有我们现在公路的路面宽，但在当时也足以让两头驮着货物的牛马并行，古道上的陡坡处都砌有石阶，经过牛马常年的踩踏，路面变得很光滑，一些石阶上还留下了深深的蹄印。

当时过往古道的不仅有马帮，经常还有一些“宣威背背”和“石屏担担”，他们是往来的生意人，一般不住店。其中石屏担担是最浪漫的过客，他们都是成群结队来，成群结队去，有男有女，找到“搭夜”地点后，吃了晚饭，大家就围在一起跳舞。他们大多都跳“烟盒舞”，就是每个人手中都拿一个四方形的铁烟盒，用中指弹出声响，边走边弹边跳的一种舞蹈，这种舞蹈直到现在都还在这里流行。

在古道繁荣的时候，过往的马帮有大有小，小的应该不能算马帮，他们一人一匹马，而大的有几把马，每把马由 12 匹组成。大的马帮有鸣锣开道，还要敲铓来收尾。锣和铓都由两个人抬着，后边的人负责敲，我们称前边的为“公锣”，后边的为“母铓”。前边敲响清脆的“哐——”后边沉闷的回一声“嗡——”公锣母铓一敲一回，前后遥相呼应，相辅相成。

正是因为古道如此的繁荣，过往这里的马帮留下了这么一段歌谣：走过千山万水，喝遍万水千山，吃过天上的鹅肉，品过海中的鲜汤，到那柯里才能喝上一碗正宗的马锅汤。

玩家评语：看过神仙下棋，听过龙王唱戏，到那柯里听一听马帮留下的美丽传奇。你说你的情长，她言她的意远，哪有马帮情歌缠绵。

那柯里风雨桥

那柯里风雨桥，是那柯里标志性的建筑，有一百多年的历史。百年来，许多文人墨客过往，在这里留下了许多佳作。建桥时，不用一颗铁钉，只在柱子上凿通无数大小不一的孔眼，以榫衔接，斜穿直套，纵横交错，结构极为精密，其坚固程度不亚于铁桥、石桥，可延用两三百年而不损。那柯里风雨桥的来历藏着一个悲伤的故事，传说马帮经过这里，因为穿过寨南边的那条河，但每次蹚过河的马被河水浸泡到的地方都要掉一层皮，让马饱受脱胎换骨的疼痛，时间一长，这里自然成为马帮伤心记忆的“马哭里”。后来，马帮、当地群众以至官府都觉得这里应该修一座像样的桥，从此，那柯里风雨桥就诞生了。

碾子房

碾子房就是当年专门为马帮准备的粮草加工店。碾子通常设在村子的中心地点，为的是村子里的人都使用方便。碾子上一般都建有瓦房，使人们碾米时能遮风避雨。它分为上下两层，下层为碾米之用，上层为参观、品茶的休息场所。

古道陈列馆

古道陈列馆分为上下两层，来到楼上映入我们眼帘的是四块画工细腻的屏风，分别表达了茶、马、古、驿四个方面。看旁边，每张桌子旁边都有茶艺表演，普洱茶香，音乐悠扬，风景这边独好，就让我们一起用心去感受普洱茶浓郁的文化吧。

荣发马店

荣发马店始建于 1831 年，至今有近两百年的历史，是一座天然的历史博物馆，也是所有古道驿站中保存较为完好的驿站，是南行茶马古道上重要的驿站之一。1935 年，现在的主人一家买下了这个马店，并取名“荣发马店”，店门上一幅“关山难越谁为主，萍水相逢我做东”的对联，一直沿用至今。这里的洗马台、马掌铺、马店都保持了原样。曾有一位叫戴维斯的英国人，同藏族马帮在此露宿，他在游记中写到：“思茅城里有很多藏族商客，我同三四百匹马帮通行。马帮走过高坡后，来到那柯里住宿。马帮并不住店，而是像刺猬一样团起住宿，外围用凶猛的狗看守。”

马跳石

这里用今天的话说是一个考场，只是考试的对象不是人，而是送来这里买卖的马匹。这里名叫马跳石也称“试马石”，因为爱马的人不一定都是识马者，怕出了大价钱还买到劣马，所以他们就把马牵到马跳石上检验，能跳过去的为骏马，否则为劣马，而骏马又被分为三等，能驮着两人越过的为一等，能驮着一人越过的为二等，只能马自己越过的为三等。据说在很久以前，马跳石原本是那柯里河上的一个断崖，一匹千里马带着两位佳人跳过了断崖，从而脱离了险境，马跳石也因此得名。

茶马古道那柯里路段

那柯里茶马古道位于宁洱县同心镇那柯里村南边昆洛公路 539 公里碑左侧，是南路茶马古道中的一段，也是现存茶马古道路段中保存较为完好的路段。元、明、清时此驿道用人工打制条石和砾石铺就而成，路面宽 1.5 ~ 2 米，有石台阶盘旋而上，全长 30 公里，是古代直至新中国成立初期滇南地区北上南下的古茶马驿道，也是中国西南古代的一条重要对外交通路线。

石心树、连心桥和同心亭

同心桥那柯里村的寨脚，桥对面有一棵千年老榕树。传说，这里曾有两棵古榕树，它们原本是一对夫妻树。当年寻马人留下的黄金就埋在这棵古榕树下，但谁也不能去弄它，人挖人死、畜踏畜亡。当地人认为，这棵树是那柯里村的镇寨之宝，有宝在人兴，宝失人败之神奇。他们相信，恋爱中的男女到这里许下他们的愿望，就会得到古树的祝福，一生婚姻幸福美满。过了这座桥，就到了同心亭。同心亭是马帮时代为了方便赶路的马帮休息，和给过路往来的人们提供停宿而建造的。亭子造型古朴典雅，亭内摆放了过往马帮常用的东西，还刻有往来墨客所留下的诗词歌赋。

磨黑古镇

地理位置： 位于宁洱县城东北方向，距县城22公里

天下知晓宁洱之名，首先得益于大名鼎鼎的普洱茶，其次要归功于磨黑镇所产的磨黑盐。历史上磨黑盐以味纯杂质少而深受百姓欢迎。昔日盐业的兴盛造就了古镇的繁荣，茶马古道又必经磨黑，使这里人气很旺。如今，深深的盐井，古老的建筑，幽静的小巷，青青的石板路，古道上的马蹄印，都在印记着古镇昔日的辉煌。转角楼、孔雀坪、杨丽坤……一幕幕如烟往事记录着这百年丰富而久远的历史。

磨黑古镇有李春辉墓、水晶宫等文物古迹，有竜山公园、新寨古茶园、大叠水坎瀑布、龙洞箐、孔雀屏驿站、孔雀屏茶马古道、老街子驿站等风景名胜，有磨黑中学爱国主义教育基地、磨黑走马转角楼、磨黑镇新政街15号民居、磨黑镇新政街312号民居等特色民居建筑。

走进磨黑，感觉它既古老又年轻，在镇内新镇街、新民街两旁，密密麻麻都是鳞次栉比的全木质民房。房屋近乎是一色的黑瓦白墙红木栏，只是因岁月的久远，泛散着历史的黄。

磨黑烧烤、豆汤米干和甜甜的甘蔗、黏黏的槟榔芋是磨黑的名吃特产。

小黑江森林公园

国家 A 级景区

小黑江是宁洱与景谷的天然分界线，向西南流入澜沧江，森林覆盖面积 10 余万公顷，是云南省自然生态保护得较好的林区之一。林中兰草遍布，沿岸森林茂密，有各种珍稀动物生活其间。

大自然其实是有灵魂的，特别是山因水活、水随山转的小黑江森林公园。这里的景致紧紧地把山和水连在一起。一山连一山翠绿的山林，无言地、慷慨地把大片的绿泼洒在江面上，使江水先青绿，再深绿，最后墨绿而偏黑，由此称为小黑江。在青山之间，绿水之畔，端坐着滇西南最大的大乘佛教寺院——普贤寺，还有茶圣祠、观林亭等景点。这里是一个天生丽质不施粉黛至清至纯的地方。

小黑江盛产红尾巴鱼、青鱼、花条鱼、棍子鱼等多种生态鱼，在什么季节都可以品尝得到。

地理位置：距县城约 20 公里，车行约 30 分钟

玩家点评

因为空气好，风景也不错，所以一路既是休闲，也是玩赏，还可以娱乐，还可健身，当然，还可以发呆。

普阳八景

天壁晓霞

位于县城西郊天壁山腰，为一堵笔直峭壁。当晨曦初照，薄雾缭绕中呈现飞霞烯彩的瑰丽景观，故称“天壁晓霞”。至今峭壁仍在，奇景仍可观赏。宁洱县单揽元五言律诗有“壁耸天柱，红飞捧日出”的描写。

仙洞春云

位于天壁晓霞之上，有一天然岩洞，洞口有厅，可容百余人；洞前一平台，自然景观秀丽。冬末春初，洞前云雾缭绕，似有云气从白洞内散出，如飞烟吐雾，故名“集邮册洞春云”。单诗有“亿子何年去，闲云锁洞深”的描写。旧时洞前有土木结构瓦房一幢，供游人歇息，因年久失修，房屋倒塌，仅存余址。现又在旁边修有简易房屋，专人守护、置景，节假期间，游人增多。

龙潭秋月

景点在西门龙潭。当秋月映入龙水，静影沉璧，蔚为奇观，故名。府官牛稔文五律描写此景为：“夜色明如曙，贪凉坐野汀。月高山敛色，秋老水收腥。”

回龙夕照

景观在城郊玉屏山顶，上面建成回龙寺。每年冬至节前后，夕阳余晖从西山两峰射出，形成光柱，照射在回龙寺红墙黄瓦上，美如仙宫胜景，因此得名。牛诗“咱度周行倦，余晖倒景收”，单诗有“霞明山市晚，风凉院松秋”。都做了较好的描写。

东岑兰萼

景点位于县城东锦袍山上，昔有钟鼓楼一座。内有铜钟报时辰。东岭多兰萼，阴历三月，各色兰花盛开，清香四溢，引来满城游人。单诗吟“岩岫锦幽谷，崇兰竞吐枝”，牛诗吟“清芬消俗悉，只有素心识”。

城畔荷风

荷池在城南，虽有“方塘不满亩”的诗句，不知何时形成20亩荷塘。秋季，荷花怒放，金风吹拂，清香四溢。前人列为一景观。牛诗有“爱尔经风雨，亭亭未肯斜”的佳句赞美此景。

1984年，填荷池为运动场。

西岭温泉

城西7公里处阳广河头，有热水冒出。塘宽不盈丈，水深6尺，清澈见底，水含硫黄，浴后周身舒爽，可防治皮肤病。此为西岭温泉。牛诗有句吟“传说温泉水，丹砂地底藏。堪医俗气骨，好助执心肠”，单诗则吟：“将余温气息，洗彼冷肝肠”。

茶庵鸟道

位于县城北10公里处，旧为普洱至昆明驿站。从此向北行走，驿道盘山而上，古木参天蔽日，道路夹窄，鸟鸣虫吟。此处旧有驿站、茶站、庙房，故名茶庵塘，景名茶庵鸟道。

食在宁洱

宁洱有地方特色甜瓜、精品西瓜、蛋糕、普洱茶、五金饰品、饵块和磨黑槟榔芋、民安红薯等，其中尤以普洱茶天下著称。

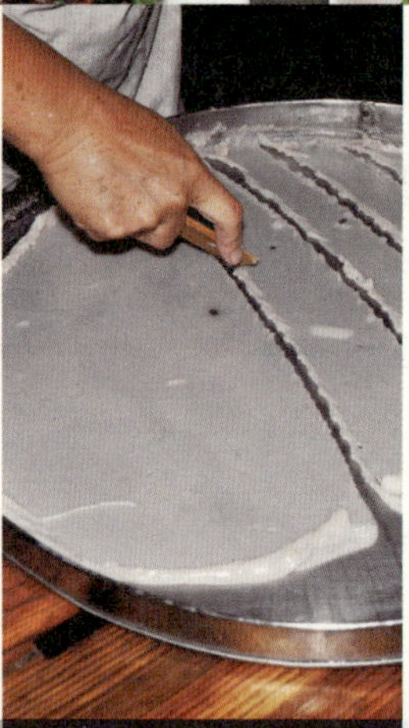

宁洱的凉拌牛皮，用牛尾巴上的皮煮熟，凉拌，嚼在嘴里特别有韧劲，觉得越嚼越香。关键是拌这一盘牛皮的调料也放得恰到好处。当地人来这吃饭的菜里，必有一道这样的凉拌牛皮。

宁洱糕点不含任何食品添加剂和食用色素，制作考究，营养丰富，质优味美。其中以鸡蛋糕、芙蓉糕、月饼、茶糕点较为出名。

宁洱美味特色餐饮

名　称	电　话	地　址	特色菜
★ 虹福园	0879-3231664	普洱市宁洱县宁洱镇东山路 149 号	东坡肉、酱油鸡、凉拌牛蹄筋、木瓜鸡、泡椒鱿鱼
★ 乐土	13508799118	普洱市宁洱县同心镇那柯里村	豆汤系列、清汤土鸡、生态小河鱼、油炸肉
★ 新园	13987922735	普洱市宁洱县那柯里村	豆汤白菜、大红菌煮鸡、豆渣、水豆腐、芋头花
★ 江西会馆	0879-3233398	普洱市宁洱县凤新街	富贵鸡翅、红烧狮子头、鸡丝米干、酱油鸡、小米辣蒸鱼
★ 林莉农家	13577932159	普洱市宁洱县横寨	辣味肉卷、脑花毛肚、清蒸鱼、小米辣蒸罗非鱼、油淋鸡
★ 明燕山庄	18687948655	普洱市宁洱县天壁路	小米辣蒸鱼、木瓜鸡、凉拌猪脚、凤凰投胎
★ 味通源	13577961918	普洱市宁洱县天壁路	酸菜红尾巴鱼、腊猪脚、风味拼盘

“★”为市级特色餐饮店、农家乐　“★”为县级特色农家乐

购物宁洱

宁洱三宝，普洱茶、小粒咖啡、石斛都是馈赠佳品。

磨黑槟榔芋、宁洱红薯 、宁洱民族纯银饰品 、普洱茶 、宁洱豆汤米干等。

住在宁洱

星 级	名 称	电 话	地 址
★★★	茶乡大酒店	0879-3239399	普洱市宁洱县东山东路 76 号
★★	交通大酒店	0879-3233111	普洱市宁洱县东山南路 125 号
★★	军供宾馆	0879-3232742	普洱市宁洱县东门路 2 号
★★	宁洱宾馆	0879-3232772	普洱市宁洱县城东山东路 1 号
★	普洱宾馆	0879-3232361	普洱市宁洱县凤新街 118 号
经济型	建鸿酒店	0879-3333377	普洱市宁洱县天壁路
经济型	联创商务酒店	0879-3323666	普洱市宁洱县龙潭岔路口
经济型	曼城商务酒店	0879-3334111	宁洱县天壁路 39 号
经济型	清水湾假日公寓	0879-3012111	宁洱县团结路 2 号
经济型	金孔雀大酒店	0879-3323111	宁洱镇东山路 357 号
经济型	鑫源商务酒店	0879-3232448	宁洱县天壁路
经济型	尚客酒店	0879-3334878	宁洱县天壁路

拉祜山乡
边陲宝地

澜沧

澜沧拉祜族自治县是全国唯一的拉祜族自治县，是云南的第二大县、普洱的第一大县。8807 平方公里的县域境内，生活着拉祜族、佤族、哈尼族、彝族、傣族、布朗族、回族、景颇族等 24 种民族。澜沧是个三州市交界的地方，是通达普洱、西双版纳、临沧的交通枢纽中心，是普洱市的次中心城市和普洱市西盟、孟连、澜沧边三县的重镇，陆上有糯福、雪林两个乡与缅甸北部的佤邦毗邻，水上有澜沧江糯扎渡、思茅港等口岸与东南亚诸国相通，是中国西南边陲重要的交通枢纽和门户，是著名的“拉祜山乡，边陲宝地”。

旅游咨询电话：0879–7331035

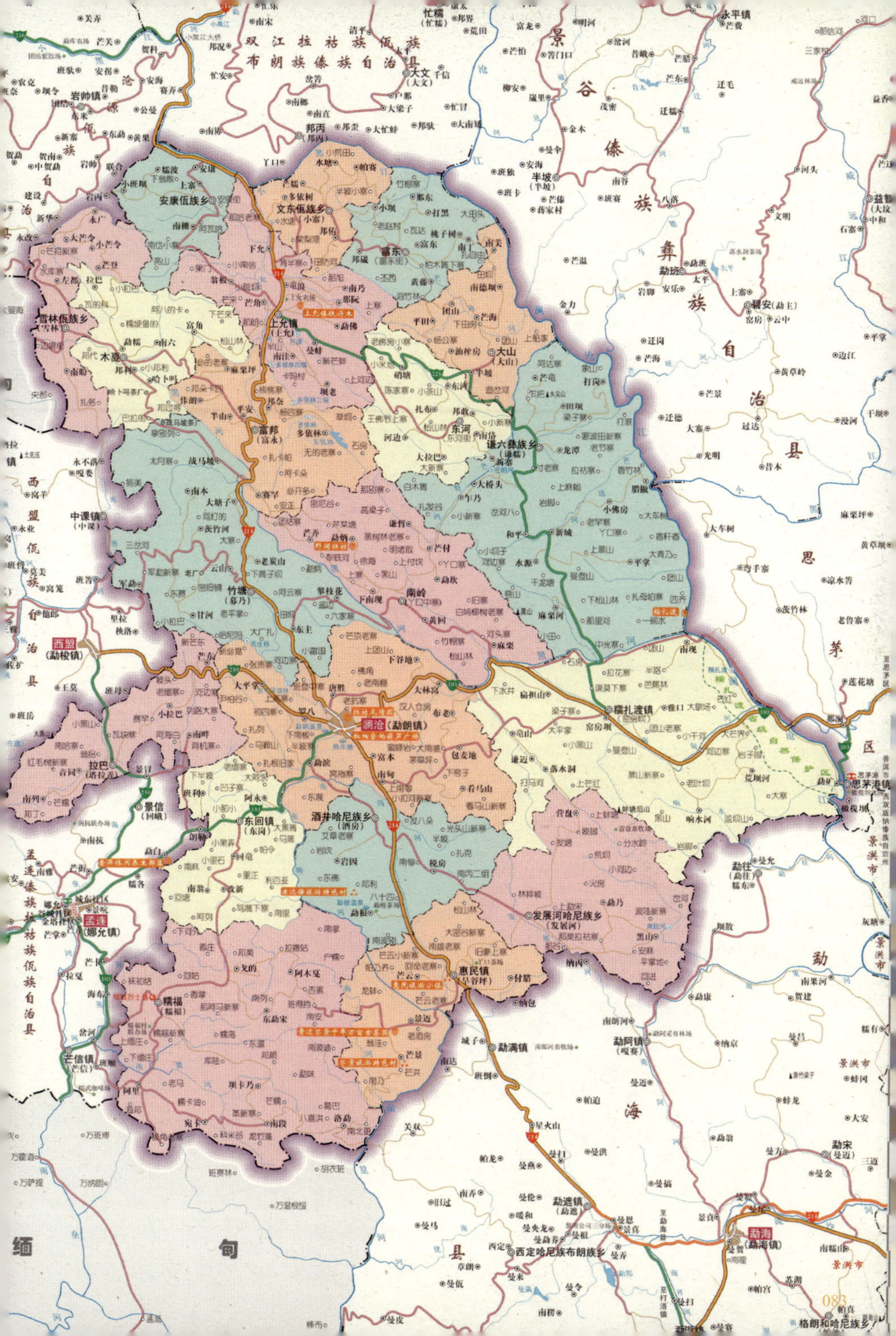
双江拉祜族佤族布朗族傣族自治县
景谷傣族彝族自治县
思茅区
西盟佤族自治县
孟连傣族拉祜族佤族自治县
勐海县
缅甸
景洪市
澜沧（勐朗镇）
西盟（勐梭镇）
孟连（娜允镇）
勐海（勐海镇）
上允镇（上允）
富邦（富永）
东河（东河街）
谦六彝族乡（谦六）
大山（大山）
富东（富东街）
文东佤族乡（小寨）
安康佤族乡
雪林佤族乡
木戛
竹塘（募乃）
南岭（丫口中寨）
中课镇（中课）
糯扎渡镇（宝房坝）
酒井哈尼族乡（酒房）
东回镇（东岗）
发展河哈尼族乡（发展河）
惠民镇（旱谷坪）
糯福（糯福）
拉巴（塔拉乡）
景信（回俄）
芒信镇（芒信）
勐满镇
勐遮镇（勐遮）
西定哈尼族布朗族乡
格朗和哈尼族乡
勐阿镇（嘎赛）
勐往（勐往）
思茅港镇
岩帅镇
邦丙（邦丙）
大文（大文）
半坡（半坡）
碧安（勐主）
永平镇

勐朗水库
拉祜风情园
县委
县政府
县人大
县政协
勐朗镇政府
审计局住宅区
铝矿机械厂
瓦窑
大地
下松山林
新村
新村小学
勐朗小学
金朗中学
县职中
县中波台
嘉和苑民族餐厅
澜沧运政稽查大队
县道路运输管理所
青少年校外活动中心
县人口与计生局
机动车检测站
芳香批发部
县一中
澜沧县小学
县第一人民医院
县林业局
县委党校
县气象局
县自来水厂
教师进修学校
县教育局
沪滇民族学校
县公安局
县粮食局
县广播电视台
县财政局
县卫生局
县建设局
县总工会
县环保局
县药监局
县中医院
佛房新区
县民宗局
县计生局
县民族实验中学
志远建材综合市场
县公路管理段
县移民局
丽水嘉园小区
金福湾小区
富繁集贸市场
新知图书城
民族剧院
县信息化局
县安监局
县商务局
客运站
瑞合宾馆
中国人保
县路政管理大队
嘉逸商务酒店
政法小区
县交警大队
国土资源局
安达宾馆
小康宾馆
毫阳宾馆
澜沧新城
（世界拉祜中心）
牡帕密帕葫芦广场
银河宾馆
中石化
茗月阁KTV
县车辆管理所
进源大酒店
康达酒店
双马酒店
环城加油站
茶园农家乐
县道路运输管理局
长江汽配
大桥头
县质检局
县农村信用合作联社
宝来宾馆
金富酒店
澜沧新城
县驾校
勐朗派出所
工行澜沧支行
县质保质检站
县工商管理局
滇西苑宾馆
万家宾馆
县地震局
县地税局
县环境监测站
县法院
景秀拉祜家园
华隆小区
华隆大酒店
东方医院
为民小区
金城大酒店
金玉酒店
博豪商务会所
茶都大酒店
森翔食府
山泉酒店
福源小区
食家庄
县茶厂
县鱼种场
县扶贫办
清华幼儿园
湘发汽修
县扶贫中心
亚根大酒店
县烟草专卖局
县印刷厂
县旅游局
县武装部
香廷大酒店
南朗河
桥头
杯子
至思茅区

澜沧是千年万亩古茶之乡。茶，是澜沧的特色之一；千年古茶，是茶中之精品。作为茶树原产地之一和普洱茶的故乡，茶叶发展所经历的野生型、过渡型、栽培型、现代型四种形态在澜沧都有较为完整的体现和存留。目前世界上发现的连片面积最大、保存最完好、年代最久远的人工栽培型古茶园——澜沧景迈芒景千年万亩古茶园，总面积 2.8 万亩。这里群山怀抱，重峦叠翠，林荫蔽日，构成屋与树相邻、人与茶相伴、人与自然和谐共处的绝佳胜景。据布朗族有关傣文史料记载，古茶园迄今已有1800年历史，它见证了茶树野生—驯化—规模化种植的发展历史，是人类文明的重要遗产和宝贵财富，被国内外专家学者赞誉为“茶树自然博物馆”。澜沧还拥有野生型向栽培型过渡的邦崴千年古茶树王。走进古茶山，走进普洱茶文化圣地，行茶马古道，听拉祜山歌，赏边城风情，品千年古茶，成为澜沧旅游的热门项目。

玩家点评

在这里，有一些意想不到的事情。我没想到，吉他竟然是这个偏远的地方流传很广的乐器。《快乐拉祜》这首歌虽然旋律和歌词简单，但很好听，没想到它竟然出自一个普通的拉祜农妇之手。布朗山寨、傣族山寨的美，是我想象得到的，但环境打理得如此干净，传统保存得如此完整，是我没想到的。另外，没想到景迈山的月亮，竟是红的。

到景迈山上的寨子里多住几日。那是一种完全不同的生活，与繁华无关，与浮躁无染，简单幽静，无牵无碍，白天有云海壮观，晚上有星空深邃，路不拾遗，夜不闭户，一壶陈茶，几句实话，会让你觉得回到了遥远的古代。

玩家点评

仰视星空，俯瞰云海，聆听虫鸣，品味茶香，体验当地人们日出而作，日落而息的生活，你会发现宇宙之无穷，人生之渺小。你会更懂得，为什么要放手，为什么要慢下，为什么要敬畏，为什么要珍惜。

>>> Go!

澜沧山川秀美，雨量充沛，日照充足，拥有丰富的土地资源、森林资源、水能资源、矿产资源、民族文化旅游资源。县域面积8807平方公里，居全省县级第二位、普洱市第一位，可耕地面积309万亩，荒山130多万亩；林业用地面积806万亩，森林覆盖率55.91%，活立木蓄积量3515万立方米，是全省62个有林县之一，也是现代林业建设的重要基地；大小河流130多条，澜沧江过境流程142公里。除了景迈山等著名的自然风景区之外，澜沧民族文化旅游资源十分丰富，这里有拉祜族创世史诗《牡帕密帕》，有葫芦节（阿朋阿龙尼）、扩塔节（春节）、新米节、火把节、泼水节、山康祭茶祖等民族民间传统节日，有野阔拉祜——南岭勐炳、唱响快乐拉祜的地方——酒井老达保、拉祜神鼓敲响的地方——糯福南段、拉祜编织之乡——富邦佧朗、拉祜摆舞之乡——东回班利、芦笙吹响的地方——木戛勐糯等特色旅游村寨，独具魅力的拉祜文化正从这里走出云南、走向全国、走向世界。

出发——去澜沧

公路线路

思茅—澜沧

二级公路，里程173公里，行驶时间约3个半小时。

公路穿越了山区、河谷，景色相当优美。尤其是在雨天，山间烟岚云岫，河谷烟波缭绕，好似行走在仙境之中。从澜沧可直接沿思澜公路回到思茅，也可到西双版纳景洪市继续游览。从澜沧至景洪市约有163公里的二级公路，从澜沧县城至景迈山下的惠民小镇不到50公里，路况比较好；从惠民至勐海约67公里，其中山路部分均为连续弯道，行车需谨慎；勐海至景洪约53公里，路况良好。

线路推荐

澜沧一日游：

酒店早餐—拉祜风情园—老达保拉祜族村寨—农家午餐—景迈芒景千年万亩古茶园—翁基布朗古寨—糯干傣寨—景迈柏联普洱茶庄园—惠民小镇晚餐—返程

拉祜风情园

地理位置：澜沧县城内北部

拉祜风情园是澜沧城区“一轴四景”的重要组成部分，是澜沧县城区在建的集中展示拉祜风情的“旅游名片”之一。拉祜风情园占地 300 余亩，水面 100 亩，园内植被茂密，有保护完好的坝子形成时的原生树木，湖光山色，风光秀丽，设施完备。这个风情园不仅是县城居民休闲度假、娱乐健身的场所，还是澜沧旅游的精品景区，其独特的民族建筑和丰富多彩的民族文化展演定会让你对澜沧、对拉祜族、对拉祜文化有一个全新的了解。

玩家点评

读万卷书，不如行万里路，说的是旅行中，对丰富一个人的眼界和阅历起着非常大的作用。游拉祜风情园就是典型的例子。这里，不仅环境优美，而且集中地展示了这个边地县区的民族风情、历史文化，可以说是一个大型的博物馆。所以，建议玩家在澜沧的第一站就选在这里。从这里出去后，就是半个澜沧民俗专家了。

世界拉祜文化中心
暨葫芦广场

世界拉祜文化展示中心，是澜沧的新城市中心标志。这里不仅是展示拉祜族文化的中心，还是展示佤族、哈尼族、彝族、傣族、布朗族、回族、景颇族等民族文化的中心，同时还是展示普洱茶文化的中心、滇西南民族文化旅游新中心、澜沧江一湄公河次区域开发的次级中心。它的外形是拉祜族的母体“葫芦”，表达了拉祜人民“从葫芦里出来向着太阳奔去”的美好愿望。

玩家点评

广场，几乎每个县城都有。像这样精心设计和壮观的广场，还不多见。举办葫芦节的时候，这里便是欢乐的海洋。

在澜沧县城游玩，住在这里，是不二的选择。打开窗户，就是风景，走出房间，就是传说。

玩家点评

扎娜惬阁

地理位置：位于县城中心地段建设路旁，与县人民政府办公楼毗邻

扎娜惬阁是在原县政府宾馆基础上改建而成。扎娜惬阁占地 8807 平方米，与我们澜沧县的土地面积 8807 平方公里相似，是澜沧土地面积的缩影。扎娜惬阁是个了解拉祜族的窗口，一是它的布局完全按照拉祜族创世史诗《牡帕密帕》中的神话传说故事和典故来安排的；二是扎娜惬阁是国家级非物质文化遗产保护名录的保护传承基地。所以，通过它你可以直观地了解拉祜族的历史和文化。扎娜惬阁主要由扎娜花园、扎娜雕塑和六幢拉祜族特色建筑三部分组成。扎娜惬阁内的一草一木都有很多传说故事。“扎娜惬阁”的意思就是“扎迪和娜迪快乐生活的地方”，也可以解释成“男人女人快乐生活的地方”。

玩家点评

都是原生态的，都是无污染的，无论是环境，还是心境，无论是游人，还是主人。

南岭乡勐炳村野阔拉祜

地理位置：南岭乡位于澜沧县内中部，距县城 59 公里

交通情况：全程柏油路

全乡 6238 户 23676 人。居住着拉祜族、汉族、佤族、哈尼族、彝族、傣族、布朗族、回族、白族共 9 种民族，主要经济支柱有茶叶、畜牧业、林业、甘蔗、蚕桑等产业。这里又叫野阔拉祜，即勐炳村，是拉祜族创世史诗《牡帕密帕》传承基地。这里林茂竹翠，水清草绿，民居原始古朴。除了民俗资源外，野阔有丰富的野茶、古茶、野果、野菌、野菜、野药材、野生动物等。野阔拉祜是澜沧县自然资源、民族文化资源最丰富、保护得最好的地方之一。

玩家点评

在四围青山的注视下，在村中的晒谷坪里，看一场村民们自编自导的演出，听一听拉祜人的吉他，听一听他们的和声。在《快乐拉祜》歌声中，你的心扉，你的关节，你的歌喉，你的笑容会自动打开。你会体会到，什么是真正的快乐。

哈列贾乡村音乐小镇

澜沧县的老达保村寨是一个纯拉祜族寨子。老达保村民小组自然风光秀丽、民族特色突出，是拉祜族原生态文化保留和传承较为完整的村寨。老达保村民小组的男女老少都能歌善舞，可参加歌舞表演的人员多达 250 余人，会跳《老鹰舞》《马鹿舞》等 64 套拉祜芦笙舞和 99 套摆舞，能自然熟练地演唱和声、对唱、独唱，并自创了 200 余首拉祜歌曲。特别是以《快乐拉祜》《打猎歌》为代表的多声部合唱，表现力极为丰富，深得专家和观众的认同，被誉为东方乡村音乐。2006 年，老达保被列为第一批国家级非物质文化遗产传承基地，两名村民获国家级非物质文化遗产项目代表性传承人称号。

演出咨询电话：18724889195 15987974801

在这里，自然，人文，民俗，生活，游人，居民，完全地融为一体。而且景点密集，类型不仅繁多而且新颖，是全国都不多见的。这里的云海，这里的星空，这里的虫鸣，这里的茶和酒，这里的微笑，足以唤醒你睡意惺忪的麻木木的眼睛，被噪音震聋的耳朵，被食品添加剂毒害的味蕾。不用担心树上的蜜蜂，不用担心欺骗上当，不用担心小偷，不用担心漫天要价，在这里，你唯一需要担心的，是你的时间够不够多。

玩家点评

地理地址：澜沧县南部，惠民镇、景迈山。

交通情况：惠民距县城约52公里，为新修好的二级公路，路况较好。行车时间不到一小时。

惠民至景迈芒景千年万亩古茶园为20公里山路，为弹石路面。

在景迈山上不同景点间的道路均为弹石路，路况尚可，各种车辆均可通行。

景迈芒景景区

整个景迈芒景景区占地2.9万亩，正在申报世界文化遗产，属普洱市知名景区和普洱茶精神家园。这里大小景点星罗棋布，以宗教文化为脉络，集中体现南传上座部佛教宗教文化为主线的景区景点有芒埂寺、勐本寺、景迈大寨寺、糯干寺、翁基寺、芒洪八角塔寺等。以原始宗教文化为主线的景区景点有萨迪井（芒埂七树）、萨迪塚、芒埂金水塘、芒埂牵手福、勐本千手观音树、大坪掌祭茶、翁基祭古柏、寨心、芒景祭古柏、芒景哎冷祭神遗址和芒洪茶树王等。以人文内涵为脉络，集中展示人与自然和谐发展为主线的景区景点有大坪掌古茶林、糯干水寨、翁基古寨、千年古柏、神蜂树、帕哎冷寺等。

惠民旅游小镇

惠民旅游小镇位于澜沧县东南部惠民镇政府驻地，距澜沧县城 50 公里。小镇紧靠景迈芒景千年万亩古茶园，东面与西双版纳州勐海县相连，国道 214 线纵贯而过。惠民旅游小镇是普洱“绿三角”旅游环线景迈芒景景区“一区（景迈山自然生态保护区）、一镇（惠民综合服务集镇）、八寨（八个旅游山寨：芒埂、勐本、景迈大寨、糯干、翁基、上寨、下寨、芒洪）”规划的重要组成分，规划有人流集散区、旅游夜市区、居住建筑区、教育机构区、宾馆客栈区和生产建设用地区等六大主要功能区，规划有不夜三角区（酒吧区、大排档餐饮区、现代娱乐等）、茶制作体验、传统集市、民族广场等景点，是以发展旅游综合服务为主的旅游度假小镇。旅游小镇由市、县两级国资公司共同出资注册的澜沧县景迈芒景旅游开发有限公司进行开发。

景迈柏联普洱茶庄园

柏联普洱茶庄园制茶坊将具有云南傣族、布朗族民居特色的木材、茅草、小挂瓦、回廊、尖顶等元素自然地融入其中，与周围茶园浑然一体，既方便游客观光，又可以保证生产环境的整洁，让游客们能体验普洱茶从采茶、洗茶、揉茶、晒青、压饼、包装、储藏的全过程。

景迈芒景千年万亩古茶园

古茶园最高海拔 1662 米，最低海拔 1100 米，平均海拔 1400 米，年平均气温 18℃，位于澜沧县惠民镇景迈村和芒景村。古茶树分布范围包括惠民镇的景迈、芒景、芒洪、翁居、翁洼等地，总面积 2.8 万亩，现实有成林成片采摘面积 1 万余亩，年产鲜叶 200 万余公斤，可制干茶 500 余吨。

景迈芒景千年万亩古茶园系当地布朗族、傣族先民所驯化、栽培，迄今已有 1828 年历史。生长在万木丛林中的古茶，靠自然肥力生长，无任何污染，品质优良，是纯天然的绿色产品，寄生于古茶树上的“螃蟹脚”，品种珍稀，有益健康。景迈芒景千年万亩古茶园是目前世界上保存最完好、年代最久远、面积最大的人工栽培型古茶园，被国内外专家学者誉为“茶树自然博物馆”，是茶叶天然林下种植方式的起源地，是茶叶生产规模化、产业化的发祥地，是世界茶文化的根和源，保存完好的茶树基因是未来茶叶产业发展的重要种质资源库，是普洱“绿三角”旅游环线开发建设的重点景区，已被命名为首批“中国民间文化遗产旅游示范区”。

芒埂景区

萨迪井（七树）

相传景迈山的傣族是因景迈山曾经有白象山而搬迁来的。人们定居下来后，不服水土，纷纷染病。这时，一位过路的佛爷，告诉村民们他们染病是因为人搬出来而佛没有搬来之故，必须在寨中建一座佛寺，人们的病才会好。佛寺建好后村民们的病还是不见好，人们就去问佛爷，佛爷回答说：水是万本之源，佛是万灵之祖。水生气，气养地，地养万物。傣族本来是喜水而居的，水边的傣族来到山里变成山地傣族，没有了水自然病不肯离去。佛爷净身拜佛后，手持金禅杖，从佛寺向东走了百步，将手中的金禅杖向榕树下用力一戳，等他拔出金禅杖的时候，一股泉水便从榕树下冒了出来。之后，人们就尊称那位佛爷为“萨迪”，意为神佛。称井水为“萨迪井”，意为神佛井。当年的榕树下又长出了六种树，故又称七树。

金禅杖水塘

相传佛爷向南走了百步，同样在一棵榕树前站住，同样朝榕树拜了三拜，同样举起金禅杖向榕树下用力一戳。但是，这次佛爷用力过猛，整个金禅杖都陷进了地里去，只听“咕咚”一声，榕树下出现了碗样大的一个洞，“哗啦哗啦”的水声后形成了“金水塘”，意为金禅杖水塘。

傣族佛寺和布朗族佛寺

景迈、芒景古茶山的傣族、布朗族信奉的都是南传上座部佛教。在傣族村寨，有勐本佛寺、景迈佛寺、班改村佛寺、糯干村佛寺；在布朗族村寨，有帕哎冷寺、翁基佛寺、翁洼佛寺，以及芒景和芒洪村佛寺等。这些佛寺，年代最久的已有800多年的历史，是澜沧县佛寺最多、最集中的地方。一个佛寺就是一个村寨的历史，甚至是一个民族的历史。景迈、芒景的傣族和布朗族认为：凡是有佛祖在的地方就是有“福”的地方，佛祖在哪里，他们就在哪里，没有佛寺、没有佛祖就没有“福”。景迈、芒景的佛寺与别的地方的佛寺不同，它们分傣族佛寺和布朗族佛寺两种。布朗族佛寺主要是干栏式的建筑，而傣族的佛寺主要是土木结构的建筑。布朗族佛寺多少受到外来文化的影响，特别是受到糯福拉祜族干栏式建筑的影响较大，这和景迈、芒景受糯福拉祜族的影响有关。布朗族干栏式佛寺，在佛寺建筑系列中绝无仅有。

萨迪

萨迪要回自己来的地方了，人们纷纷哀求他留下来。看到人们的一片真诚，萨迪同意留了下来。随后的几十年，芒埂寨子一直都风调雨顺。萨迪死后，人们认为他是神佛，不能葬到村外，就把他葬在了佛寺旁，至今萨迪坟还在。

勐本景点

千手观音树

勐本村口有一棵巨伞状的大榕树。榕树高30余米，冠幅30米×30米，根处干径4.5米，3枝主干茁壮，50余枝分枝强势朝天。由于像千手观音，故名“千手观音树”。

三棵树的传说

在进入景迈勐本村的路旁有三棵古榕树，是三个民族和睦团结的象征。相传就在这里，傣族和布朗族曾经发生过纠纷，两族为了茶山上一块不起眼的土地产生了矛盾，还发生了械斗。当时的景迈和芒景，由于两族的矛盾纠纷，有灵性的古茶树不再开花结果，百鸟泉里不再有小鸟啼鸣，蜂神树上不再有蜜蜂来筑巢，萨迪井和金水塘的水干了，公主泉旁的石蛙不再鸣叫。傣族和布朗族的头人心里无比的忧虑，就请最有威望的拉祜族头人出面调解。拉祜族头人对他俩说：只有一只翅膀的鸟是飞不起来的，两只翅膀的鸟才能飞起来；一对碗筷只有一半，另一半也用不成。你们是山中的鸟，你们是家中的碗筷，怎么能分开？在拉祜族头人的调解下，傣族和布朗族头人歃血为盟，发誓要永结同心。为了让后人记住这段历史，三个头人种下了这三棵榕树。

进傣族寨子的时候，要注意一些禁忌，竹楼上供家神的柱子，外人不能触摸，更不能靠。忌外人进入卧室。煮饭的铁三脚架上平时忌烤东西。忌随便摸小和尚的头。忌穿鞋进入佛寺。

玩家点评

景迈景点

景迈村位于惠民镇西南部，距惠民镇政府驻地20公里，东与旱谷坪村相邻，南与糯福乡阿本嘎村相连，西与本乡芒景村相连，北和西双版纳州勐海县勐满镇城子村接壤。这里居住着傣族、汉族、布朗族、哈尼族、拉祜族、佤族等6种民族，以傣族居多。傣族村落集居，不单家独户居住。家家户户竹篱环绕，自成院落，院内种植水果。房屋多盖成干栏式竹楼。

景迈云海

这里地势高，视野宽，苍山如海。是观赏朝阳与落日、云海与星空的好地方。

大寨茶马古道

据史料记载，当时的景迈山，茶商云集，马帮不断。从这里，茶商们把收购到的茶叶分几路运往山外。一路向南，经缅甸、泰国，到马来西亚出海；一路向北，过澜沧江，到普洱，最后到达内地；一路向西，进印度，入西藏。至今，景迈、芒景还可以看到保留完好的茶马古道，在古茶山的中心地带还可以看到当时茶叶交易的草皮街，在岩冷寺里还陈列着赶马人留下的各种用具。

芒景上寨景点

芒景上寨是布朗族原始古村落，是景迈山布朗族文化和普洱茶的发源地。芒景上寨聚集了芒景上寨古村落、芒景上寨蜂神树、七公主泉与公主榕等景点。布朗族是县境内古老的土著民族之一。布朗族对人类的贡献大，公认者有三：一为识种茶，已历经千载。据傣族、布朗族文字记载，濮人就是布朗族、佤族的祖先。布朗族的王子叭冷，在南迁途中，发现了茶的药用价值，定居后，开始引种茶树，经过千余年的不断栽培，形成了现在的万亩古茶山；二为驯旱稻。布朗族至今刀耕火种地，旱稻仍为当家粮；三为木棉纺。布朗人的房屋结构有两种：一种是四墙落地，编竹笆围四壁，屋架为穿斗，屋顶铺盖茅草。另一种是干栏式竹木结构的框架砖混房屋。

蜂神树

蜂神树，是一棵巨大的榕树，榕树是傣族和布朗族的神树。或许是佛寺茶地的灵性，或许是百鸟泉的灵性，榕树上有若干蜂巢。阿公阿祖传下话，任何人都不得去动榕树和榕树上的蜂巢。每年的 3 月，蜂纷纷飞来筑巢，6 月又纷纷飞走，已延续了一百年。现在的人们称这棵榕树为“百年蜂神树”，称榕树上的蜂为“百年神蜂”。如今，榕树上的蜂巢最多的时候只有 50 多个，远不如阿公阿祖时代的一百多个了。

七公主坟

景洪傣王曾想用武力驱逐芒景山的布朗族不成，又用传教僧侣来教导感化布朗族。之后，傣王又与叭冷山巴朗部落“和亲”，把自己的第七个公主南发来嫁给叭冷，并封叭冷为“帕”，“帕”在傣语中是“佛”的意思，“帕叭冷”即叭冷佛之意。傣族七公主南发来嫁到芒景山后，把先进的生产技术带到了芒景布朗山。她教布朗族纺线织布，教布朗族耕田种地，教布朗族学习傣文，并和布朗族兄弟姐妹一起上山开垦种植茶园。南发来被布朗族尊称为“族母”，受到布朗人的爱戴。不久，年事已高的傣王召叭冷进王宫辅佐朝政，他在七个女婿中有意要把王位传给叭冷，故叭冷被傣王的其他六个女婿加害了。七公主伤心过度，气绝身亡。布朗族人按照七公主的遗愿，把她葬在了芒景山上。在她坟的四周，是她和叭冷亲手种植的茶园。

七公主泉与公主榕

七公主生前每天劳作后都要到寨边的一眼泉水旁去洗澡，久而久之，人们就把公主洗澡的泉水叫作公主泉（布朗族语为南莫颠迪）。公主死后，泉水旁长出的榕树须如公主长发。这棵榕树被后人叫作公主榕。据布朗族老人讲述，古时候的公主泉，四周砌着石墙，两旁各有一只石蛙和一只石象。每当公主洗澡的时候，石蛙就会发出欢快的鸣叫声，石象也会来回不停地摆动身体。一天早晨，石蛙和石象神秘地消失了。

哎冷山布朗部落

布朗族民们来到了有许多救过他们的“腊”树的这座山，他们决定在这座山上安居下来。这座山，就是现在的芒景山。布朗人为了纪念哎冷，把芒景山改叫成了哎冷山。哎冷山古木苍天，至今遗留有巴朗部落最早的聚居地、剽牛场和古战场。芒景村和哎冷山巴朗部落聚居地近在咫尺。哎冷山聚集了七公主坟、哎冷山巴朗部落、哎冷祭茶魂台遗址、哎冷养心遗址、芒景古茶园与蜘蛛保护神等景点。

哎冷祭茶魂台遗址

古代祭拜茶魂的地方位于布朗部落聚居地的东北面，是一片广袤的原始森林。每到祭日，人们会在空地上搭着茶魂台，把贡品都摆放到上面，大佛爷和寨子里最有威望的老人站在贡台的中央。人们在贡台前跪下，点燃手中的蜡条，双手合十，在大佛爷的诵经声中，三呼茶魂，声震山野，对赋予他们生存和希望的古老茶山顶礼膜拜。

百鸟泉

芒景布朗山有一块佛寺专用的茶地，其东边不远处有一泉水。每年的春天，百花争妍，有许多不知名的鸟和蝴蝶，会不约而同地飞到这里来争饮泉水。成群的鸟儿在泉水旁上下翻飞，五彩斑斓的蝴蝶在盛开的茶花丛中振翅，因此名之百鸟泉。村民们接取泉水饮用和洗浴后发现能驱除百病，而且一年只需饮用和洗浴一次，全年都不会得病。于是，村民们每年新年第一天的第一件事，就是争先到这里来接新水，形成了接新水的风俗。寨子里的年轻人结婚，都要举行接新水的仪式。新郎、新娘要在婚后的第二天黎明到泉水旁接新水，谁要是先把新水接回家给老人，谁就是最有孝心的人，由此演变成了新郎、新娘抢接新水的风俗。

芒洪景点

芒洪八角塔

芒洪八角塔的八角之寓意就是四面八方都来朝奉的意思。八角塔始建于元朝，距今已有800多年的历史，是佛爷恩达班为藏经而修建。相传，恩达班亚佛爷是个虔诚的佛教徒，在佛教刚刚传入芒景、芒洪布朗山的时候，就想建造一座存放经书的佛塔。他认为，建塔能使人成佛，佛能庇佑百姓，并能使灵魂得到安息。他的诚心感动了天神，天神就派工匠只用了一天一夜就建好了此塔。从此，芒洪八角塔声名远扬，缅甸、泰国的僧侣听说后都纷纷前来朝拜。据考证，八角塔里除了藏有经书外，还藏有历任有功德的佛爷和布朗族头人的名录。现在，八角塔被云南省列入重点文物单位加以保护。

山毫节

布朗族的“山毫节”是祭祀茶祖的节日，也叫“茶祖节”或“山康节”，大约起源于佛历八〇〇年（899年），一般在阳历的4月举行，历时4天。山毫节的时候，布朗族村民们都要前往古茶山祭拜茶魂，以此祭奠先人。虔诚地祈祷那些把古茶山留给他们的先祖们，感谢他们开垦出了茶山，并把茶山留给子孙，使子孙们能够世代享用。传说，正式的祭茶魂始于景迈、芒景种茶后的100年。茶魂就是茶祖叹冷的化身，茶魂树就是第一棵种下的茶树。人们深信，在茶魂树的身上有着人和神的灵性，呼唤茶魂，祭拜茶魂，茶祖会保佑人们幸福吉祥。

糯干景点

糯干长寿村

景迈村糯干傣族寨是景迈、芒景古茶山保存最完好的一个傣族古山寨。站在高处往下看，青山环抱中的寨子，像半弯月亮镶嵌在山谷中。走进糯干古寨，就像走进了一个世外桃源。原始古朴的傣族民居，高地上的一座佛寺，小桥流水的小路，手牵牛绳的身影，浓郁的傣族传统风俗，道旁的竹栅篱、木栅栏，晾晒的古茶叶，掌子上洗衣做饭的人们，风姿绰约的傣族小卜哨，赕佛的傣族人家，唠家长的姐妹们，淳朴的傣族老波涛和老咪涛，一处一美景，处处都让人流连忘返。糯干古村落区域有糯心湖、傣族古村落（水寨）、世界长寿老人叶丙故居、百家吃茶、糯干佛寺、琵琶鬼拦住讨喜钱等景点。

世界长寿老人叶丙故居

糯干村是个长寿村，男性最大岁数为 118 岁（已故），女性最大岁数为 125 岁（已故）。叶丙，女，享年 125 岁，身前为六世同堂，在世前仍能走动和干一些养猪养鸡的活。叶丙老人故居将作为民居保护对象。糯干村现在世的最长者为 109 岁，也能走动和干一些养猪养鸡的活。

百家吃茶

在布朗族发现茶的时候，茶首先是用来治病的，随后他们把茶当菜吃，最后才把茶当饮品，并把这种习惯保留到今天。在中华民族的茶文化中，布朗族的茶文化是最具特色的，它反映了茶从药用到食用再到饮用的发展过程，为现在的人们研究茶文化的演变，提供了现实生动的宝贵资料。“吃茶”和“喝茶”代表着布朗族茶文化的两个不同时期。“吃茶”之前，布朗族主要把茶当作药物使用。在远古的布朗族的日常生活中，茶主要是当菜吃。今天的布朗族仍然保留着把茶当菜吃的习惯，“酸茶”和“凉拌茶”就是最常食用的两种。景迈傣族的吃茶要比芒景布朗族的吃茶稍复杂一些，花样要多一些，已发展成了傣族的茶叶全席宴。其中，最具特色的是螃蟹脚炖猪蹄。螃蟹脚是古茶树上特有的寄生植物，有降血脂、降血糖、抗衰老之功效，螃蟹脚炖猪蹄既补身体、又防病治病，是古茶山上的一道特色菜，时常被傣族用来招待嘉宾。随着古茶山各个历史时期茶叶种植面积的不断扩大和茶叶产量的不断提高，吃茶文化逐渐地演变成喝茶文化，到今天已经发展到赏茶文化和品茶文化。景迈、芒景古茶山的傣族、布朗族的喝茶文化，非常具有民族特色。傣族的糯米香茶和布朗族的火炭烤茶，就是古茶山典型的喝茶文化的代表。

翁基景点

翁基村民小组属惠民镇芒景村，距惠民镇政府 28 公里，境内最高海拔 1700 米，平均海拔 1275 米。翁基村民小组共有 76 户，284 人，劳动力 146 人，其中男劳力 90 人。以布朗族为主的少数民族人口 282 人，占全村民小组总人口的 99.2%。

布朗族二代民居

布朗族二代民居为全木干栏式结构，层高底，屋内柱多，大坡面陡峭屋顶，传统挂瓦。清晨，炊烟从挂瓦间飘溢而出，在一座座木楼间游荡。阳光下，整个村寨就像林中的一片落叶林，和谐、天然、自成。入夜，挂瓦之间渗出的屋光与夜空中的繁星辉映，构成奇妙的夜景。

翁基寨心

布朗族认为万物有灵，茶有茶魂，树有树魂，寨也有寨魂。翁基寨心就是翁基的心脏，也是翁基的寨魂。寨心位于翁基古寨的中心位置，四周的布朗族民居是反映景迈芒景文化内涵的一道亮丽风景线。

翁基古柏与布朗族佛寺

翁基佛寺被认为是景迈山上最古老的佛寺。佛寺西侧旁有翁基古柏一棵，树径围 6 米，树高 20 余米，树龄在千年以上。

美食澜沧

异彩纷呈的少数民族文化和独具特色的民族美食是澜沧拉祜山乡民族文化之汇集，它是多个少数民族悠久历史文化之精华、天地之灵气、人与自然完美结合。其美食制作工序复杂，配料讲究，风味独特。主要有拉祜族的拉祜手抓鸡、拉祜杂炒、拉祜烧烤、叶子包烧；傣族的烧鱼、手撕鸡、螃蟹脚煮鸡、茶叶鸡、茶叶蛋饼、牛撒撇、酸牛筋；哈尼族的萝卜条煮鸡、火烧干巴、包烧小河鱼；佤族的鸡肉稀饭、烧肉等。

澜沧美味特色餐饮

名　称	电　话	地　址	特色菜
★ 阿布牙餐厅	0879-7229908	澜沧县环城路	萝卜条煮鸡、爱伲鸡肉稀饭、包烧猪脑
★ 拉祜家园	0879-6827975 0879-7235448	澜沧县建设路延长线	拉祜手抓鸡、拉祜清蒸鱼、拉祜小野菜拼盘、拉祜柠檬干巴丝
★ 拉祜哦扎阁	0879-7221752	澜沧县环城路	拉祜火烧鸡、拉祜芦谷煮鸡、叶子包肉、野山药煮南瓜
★ 盛达餐馆	13577948467	澜沧县环城西路	春满园（杂烩）、春牛干巴、毛驴汤锅、酸汤鸡
★ 扎娜惬阁	0879-7234697	澜沧县建设路中段	拉祜烤鸡、龙凤配、拉祜烤肉
★ 傣乐园	15154818811	澜沧县勐滨城子组	傣味鱼（手抓米线）、柠檬手撕鸡、柠檬鱼、酸牛筋
★ 傣香园	13320471106	澜沧县环城路	牛撒撇、酸牛脚、香茅草烤鱼
★ 景迈人家	13769926819	澜沧县惠民镇景迈村	千年螃蟹追凤凰、茶叶牛肉、茶叶饭、傣味干巴、酸牛皮
★ 康馨饭店	13649698503	澜沧县惠民镇	康馨牛排、秋制古茶鸡、秋制腊骨焖瓜、神仙汤

“★”为市级特色餐饮店、农家乐

景迈山上很多茶农家里都会有自制的普洱茶销售，你一定能挑到合自己口味的好茶。

玩家点评

购物澜沧

【澜沧拉祜族自治县】特产

木耳、笋丝、菠萝蜜、薏仁、多依片、魔芋片等土特产。

【大山乡】特产

木耳、竹笋干、竹制品等。

【雪林乡】特产

核桃，水酒等。

【糯扎渡镇】特产

姬松茸，甜麻竹。

【惠民镇】特产

特产茶叶，为普洱茶产地之一。

兰花花民族工艺品店

地址：民族街

电话：0879—7366881

景迈景糯茶厂

地址：思澜路交警队斜对面

电话：0879—7222688

住在澜沧

星级	名称	电话	地址
精品酒店	云南景迈柏联精品酒店	0879-7525666	澜沧县惠民镇
★★★	双马大酒店	0879-7224999	澜沧县老景洪路加油站对面
★★★	华隆大酒店	0879-7236999	澜沧县民族街
★★★	芦笙恋大酒店	0879-8878999	澜沧县老景洪路
★★	滇西菀宾馆	0879-7234567	澜沧县勐朗路
★★	金城酒店	0879-7233688	澜沧县民族街
★★	金富酒店	0879-7231998	澜沧县环城东路
★★	小康温泉宾馆	0879-7227008	澜沧县东朗路
★★	扎娜惬阁	0879-7221656	澜沧县建设路 362 号
★	亚粮大酒店	0879-7222756	澜沧县东朗路
精品客栈	阿百腊休闲山庄	0879-7522666	澜沧县惠民镇芒景村
精品客栈	布朗公主山庄	0879-7522875	澜沧县惠民镇芒景村
精品客栈	景迈人家	13658797859	澜沧县惠民镇景迈村
精品客栈	康馨饭店	0879-7521188	澜沧县惠民镇

狂欢佤部落

西盟

天赐普洱 世界茶源
世界佤族文化之旅
狂欢佤部落——西盟
原始秘境 木鼓之乡
阿佤人民唱新歌的地方
世界佤族文化保护区

地处阿佤山中心的西盟佤族自治县，是一个美丽而神奇的地方。这里居住着以佤族为主的 24 个少数民族，少数民族占总人口的 91.9%。

20 世纪 50 年代还处于原始社会末期的西盟佤族地区，至今仍崇尚着“自然崇拜、神灵崇拜和祖先崇拜”三位一体的原始宗教信仰，在他们“万物有灵”“人神共居”的独特观念中，人间到处是神界，天地万物皆有灵。阿佤人以他们对神灵的虔诚与敬畏，恪守着人与自然共生共荣的法则，造就了西盟完好的自然生态环境和古朴单纯的民风民俗。在生命状态日益相似的当代社会，西盟人用一种与众不同的生活方式，保留了人类童年时代的本真与单纯。

旅游咨询电话：0879-8344126

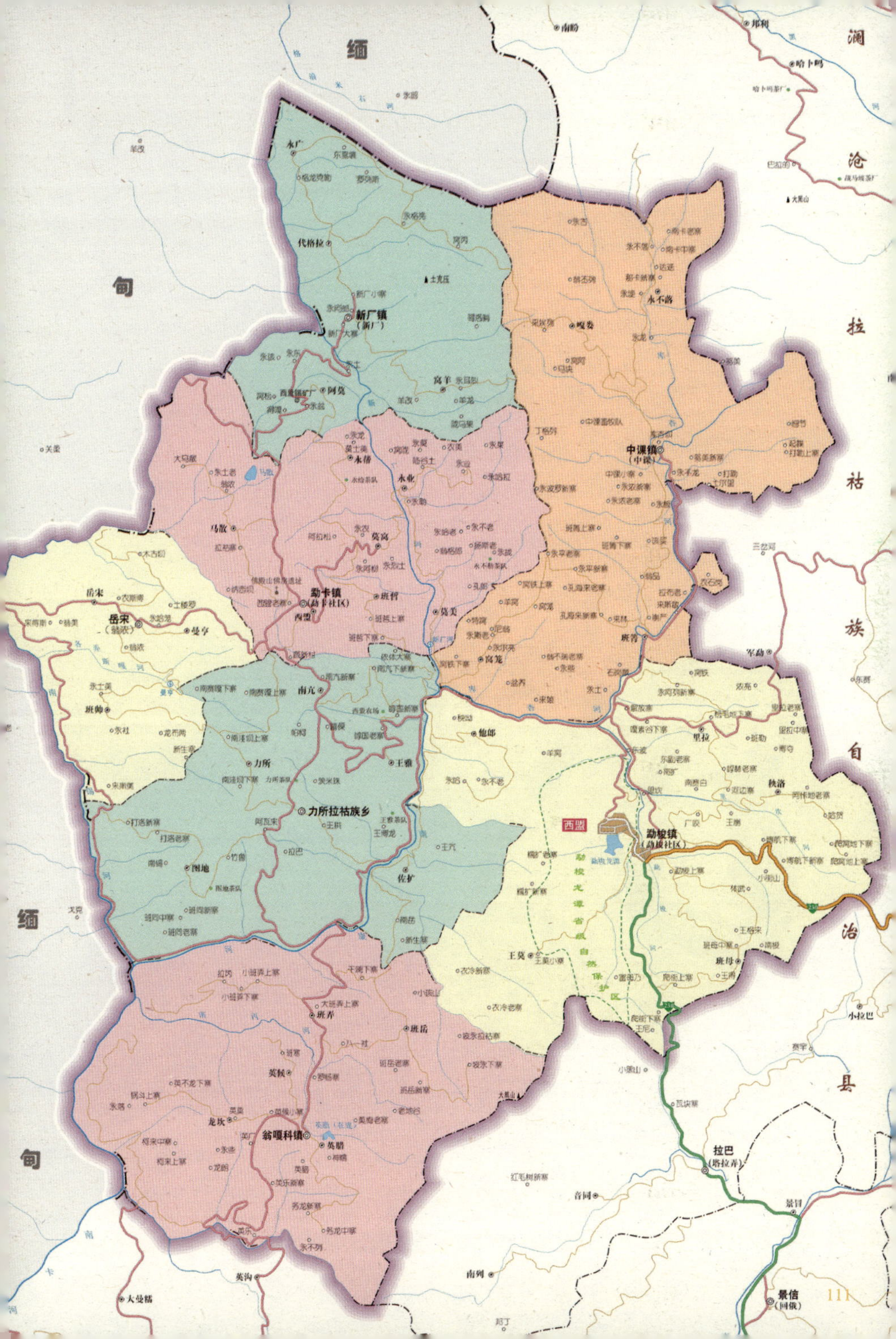
缅甸
缅甸
缅甸
澜沧拉祜族自治县
新厂镇
（新厂）
勐卡镇
（勐卡社区）
西盟
中课镇
（中课）
力所拉祜族乡
勐梭镇
（勐梭社区）
翁嘎科镇
岳宋
（翁农）
永不落
嘎娄
永广
代格拉
阿莫
窝羊
马散
永俄
永业
莫窝
班哲
莫美
窝笼
班箐
南亢
王雅
图地
佐扩
他郎
里拉
秧洛
王莫
班母
班岳
班弄
英候
龙坎
英腊
拉巴
（啰拉寨）
景信
（回俄）
南列
英沟
大曼糯
音同
景甘
勐梭龙潭省级自然保护区

里坎瀑布景点
佤山饭店
丰华加油站
平安饭店
森林公安局
县地震局
春兰宾馆
佤山酒店
云海轩饭店
县武警边防大队
西盟公路
县交警大队
大亚酒店
十里香饭店
中石化
县国土局
县检察院
建
明
路
县人民医院
县法院
县疾控中心
兴
木
县一中
县卫生局
县地税局
县工商局
县幼儿园
县民族小学
县教育局
县水务局
县公安局
温洲
超市
县林
业局
农村信用社
县交通局
县武装部
金源宾馆
金花酒楼
佤寨酒店
启龙酒店
府便民中心
县发改局
县邮政局
中国电信
县财政局
中行
龙潭大酒店
云胶大酒店
江三木罗
大酒店
客运站
县供电公司
勐梭派出所
县国税局
县红十字会
江三木落剧院
佛隆茶业公司
佤山图书馆
县广播电视局
县广电中心
友英宾馆
县集贸
市场
司岗里
大酒店
县质监局
县烟草专卖局
县住建局
县文体局
县气象局
县消防大队
县残联
勐
卡
路
龙
潭
路
勐梭龙潭
县交通驾校
县公路路政大队
木鼓酒店
司岗里集贸市场
县工商局
勐梭分局
西盟屠宰厂
勐
梭
河
西盟砖瓦
南规
归
东
河
木依吉神谷景点
勐梭镇小学
勐梭镇政府
勐梭社区

西盟位于云南省普洱市西部，是一个以佤族为主，拉祜族、傣族等少数民族聚居的边疆民族自治县，少数民族占全县总人口数的 94%，其中佤族占 70%，是全国仅有的两个佤族自治县之一。

在世界佤族文化保护区——西盟佤山，生活着 9 万余人的佤山各族儿女，保护区内至今仍保留着原始、神秘的“勐梭龙潭”“龙摩爷圣地”“木依吉神谷”“佛殿山三佛祖遗址”等人文痕迹。境内的制陶、乐器、绘画、织染、歌舞、祭祀等活动是当今人们认识人类社会童年的活化石。当年一曲《阿佤人民唱新歌》使人们认识了生活在群山中的阿佤人。从原始社会末期一步跨入社会主义初级阶段的西盟，将为你呈现出生态、和谐的自然风光，原始、公平的价值理念和博大精深的民族文化。

阿佤人素有“东方印第安人”之称，西盟，是民族的、中国的、世界的，更是人类社会的共同财富。被誉为“阿佤文化的好莱坞、人类发展的活化石、历史文明的博物馆”。

出发——去西盟

公路线路

进入西盟有 3 条公路：

一是从澜沧县城直接进入西盟，公路里程为 56 公里；

二是从孟连县进入西盟，孟连至西盟路段公路里程为 54 公里；

三是从澜沧县竹塘乡至西盟公路里程为 58 公里。

线路推荐

县城周边：博航（佤族村寨）——勐梭龙潭、龙摩爷景区——里坎瀑布——木依吉神谷——爬街（佤族村寨）

老城（勐卡镇）方向：佤山榕树王——佤山云海（清晨）——佤山天池、三佛祖佛房遗址——永俄寨（佤族村寨）——国门第一寨（中缅界碑）——永老寨（佤族村寨）

公共交通情况

观景台：沿途路边所设的观景台都是欣赏风景的好地方，路上都会提前有很明显的标识。

西盟新县城坐落在美丽的天然湖泊勐梭龙潭湖畔。四周被常年翠绿的原始森林所环抱，拥有清新的空气、洁净的环境、独特而浓郁的佤族风情。小城周围茂密原始森林的环绕，形成了一幅“城在林中、林在水中、水在城中”的天然美景，被人们形象地称为“中国生态第一城”。这里是没有广告牌、没有红绿灯的县城。

站在县城的勐卡路上，会觉得自己是不是来到了一个童话的世界，一座座楼房都是“茅草”搭的顶，木质的墙上装饰有各种图案……

景区含勐梭龙潭、龙摩爷圣地、永克洛等景点
地理地址：位于西盟县城城南
交通情况：从县城步行即可到达
门票价格：50 元

勐梭龙潭 龙摩爷景区

普洱西盟勐梭龙潭为国家 4A 级旅游景区，水域面积 46.7 亩，平均水深约 11 米，是勐梭龙潭自然保护区的核心区域。景区内有荷花塘、湿地、龙摩爷圣地、圣水、蟒蛇谷、盘须岩、祈雨洼、将军呤、猴子崖、仙石凹、赕佛山、千指树、树包石、相思树、聚友滩、缅寺、观碧亭、王冠蕨等 18 个自然、人文景点。围着龙潭游览一圈需步行 4.8 公里。也可在走完龙摩爷圣地后往左走返回景区大门。

龙摩爷，是勐梭龙潭景区内最具震撼力的景点，佤族万物有灵原始宗教的具体体现。阿佤人认为，龙摩爷是众神灵聚集的地方，当万物生命终止之后，其灵魂会以另外一种方式寄托在这里。根据当地习俗，进入龙摩爷圣地之前，需要由巴猜举行拴线、祈洁仪式，洗去世间的劳尘与疲惫，以洁净的身躯和虔诚的心灵进入圣地。

里坎瀑布景区

藤索桥：是西盟佤族、拉祜族在江、河通道上搭建的桥梁，过去用结实粗大的树藤做索引，用竹、木枝杈做栅栏，中间搭上几段木头相互连接建成。桥体原始古朴，与周围自然环境和谐，实用而且别具特色，很有观赏及科研价值，被称为现代桥梁的鼻祖。西盟南康河、南锡河、南卡江上都有这一类桥梁。

地理地址：位于西盟县东北，勐梭镇里坎寨子附近，距县城约 5 公里
交通情况：景区由县道往勐梭河方向出发约 3 公里后右转进入里坎村公路，前行约 2 公里后即到（里坎公路弯急、路窄，请小心驾驶！）
门票：20 元

里坎是傣语的发音，意为猴子经常玩耍的地方。景区内有雄伟壮观的里坎瀑布、惊险刺激的佤族藤索桥和极具药用价值的砂仁林。在里坎，你可以在水珠四溢的瀑布下充分感受从摇晃不定的藤索桥上走过时的惊心动魄，可以欣赏到如画般的傣家田园风光……里坎，是现代都市人调节心情、释放压力、解除烦闷和疲劳的首选地。

木依吉神谷景区

寨心桩：是寨子居民相互依存、和睦相处、同心同德、维护山寨利益、与山寨共存亡的标志。其制作造型酷似男性生殖器，与木鼓一样出于生殖崇拜，木鼓是对女性崇拜，寨心桩的对男性崇拜。

地理位置：位于西盟县城城南、勐梭龙潭附近的密林中。距县城约5公里

交通情况：景区由县城勐梭路往勐梭镇方向出行驶1公里到南规寨路口，右转进入王莫路前行约2公里即到

门票：20元

木依吉景区依山傍水，环境幽谧，清澈的泉水从古老的密林深处流出，穿行于原生态的森林和灌木丛中。主要景观有“榕树”“木依吉神像”“岩画”“人头桩”和五“神潭”等。是佤族神话传说中最大的神——木依吉居住的地方。

佤族民俗小知识

佤族民居：佤族民居为竹木结构、草屋顶干栏式建筑，楼上住人，楼下堆柴火或养畜禽。佤族民居因生活的地域或支系不同而在房屋装饰上有所区别。

木鼓：佤语称木鼓为“克罗”，是佤族的通天神器，木鼓是我国 56 个民族中特有的一个鼓种，是母系氏族社会典型的女性生殖崇拜，是佤族山寨的保护神。佤寨每逢木鼓节、新火节、新水节、新米节等宗教节日都有敲起木鼓唱歌跳舞娱乐的习俗。

司岗里：是佤族民间流传的最古老传说。“司岗”意为岩洞，“里”是出来，“司岗里”指人类是从崖洞里出来的。

其他景点、景观

【佤山榕树王】

交通情况：全程柏油路

位于澜沧县至西盟县的老路——募西线 48 公里处，距新县城约 12 公里。榕树高约 60 余米、树冠直径长约 100 米、下垂气生根 20 多棵，宽幅达 50 多米，形成别具特色的独树成林景观。在佤山，榕树被人们尊称为神树，有村寨的地方一般来说都有榕树。

【佤山云海】

交通情况：全程柏油路

在西盟佤山，一年四季都可以观赏到宛若仙境、如梦如幻的云海，秋冬两季气势蔚为壮观。佤山云海的与众不同之处就在于它起伏涌动，似玉带斜挎于山腰；它变化万千，如梦如幻，恍若仙境；它气势雄伟，浩瀚壮阔。云海为佤山增添了更加神秘的色彩，与巍峨的阿佤群山相映成趣。

【佤山天池】

交通情况：全程柏油路

位于西盟县勐卡镇，是一个能让您领略到“山有多高水就有多高”的地方，这里空气清新、茶香四溢，是喜欢和亲近自然的您的最佳选择。

【三佛祖佛房遗址】

交通情况：全程柏油路

位于西盟县勐卡镇，是省级文物保护单位，是原始自然宗教向佛教过渡时期的见证产物。在这里您可以看到万亩野生古茶树群落。

【国门第一寨】

交通情况：全程柏油路

位于西盟县勐卡镇，具有“国门第一寨”美誉的“娜妥坝”是您探寻边境浓郁异国风情的好去处。

旅游特色村

永俄民俗文化村

交通情况：距离西盟新县城 46 公里，全程柏油路面，通达情况良好

永俄民俗文化村位于西盟县勐卡镇马散村，与缅甸山水相连，隔山对望，是马散村最具代表性的村寨。该村为佤族聚居部落，居民全部为佤族。佤族著名的大型叙事诗《司岗里》中，把马散村描述成为佤族从司岗里出来后第一个定居的村落，所以在佤族心目中这里具有崇高的地位。这里厚重的民族文化，浓郁的原始部落风情，优美的自然景观是吸引游客的丰富资源。

由于佤族是从原始社会直接过渡到现代社会的民族，因而较好地保留了原始社会部落文明，该村具有浓郁佤族文化氛围，较为完整地保留了原始部落山地本民族的生产、生活习俗，特别在歌舞、服饰、建筑、语言、宗教、祭祀等方面具有较高的科研价值和游览观赏价值，是人类社会不可多得的宝贵遗产。

该村除了有丰富的人文底蕴外，还有许多美丽的地理、自然景观，主要有：①村子后山茫茫的原始森林，林中有珍贵的动植物，其中古茶树、檀香树等最为出名；②佤山云海，由于该村的海拔较高，可以观赏到浩瀚壮阔的佤山云海；③村子周围有丰富的野生水果，野草莓、野葡萄、黄泡、羊奶果等可以使用的野果；每年 4 月份，当地还举办“生态野果节”；④该村附近的湖泊周围景观十分美丽；⑤该村山对面就是异国缅甸，乘车就可以到达国门第一村娜妥坝；⑥该村的茶叶种植历史悠久，制茶、饮茶的习俗较特殊，也是观赏、参与活动的好项目。

爬街佤族生态村

交通情况：沿至孟连柏油公路行驶 10 公里，向左岔入进寨水泥路行驶 3 公里

位于西盟新县城南面，距离勐梭镇 12 公里。整个村落依山而建，完整地保留了当地佤族的传统民居建筑、服饰、生产生活习俗，村容寨貌民族特征鲜明，周围生态环境保护较好，是西盟县佤族文化保留比较完整的村落之一，素以原始神秘、奇特、古朴而闻名。

永老寨 ——省级非物质文化遗产保护单位

交通情况：全程柏油路，沿 S230 公路行驶 9 公里至勐梭河桥，过桥后再沿 S315 公路行驶 33 公里，再岔入 XJ77 公路前行 12 公里

位于岳宋乡岳宋村委会旁，距乡政府 3.5 公里。寨子依然很好地保留了当地佤族部落传统原始建筑，寨子周边生态环境良好，四周森林茂密、古木参天，是一个依山而建、特色鲜明且阿佤文化保留最为完整的自然村部落。当地佤族在社会公德、生活起居、心理素质、节庆活动、文艺体育、传统习俗、原始宗教信仰等领域都极具代表性，是阿佤文化的“活博物馆”。

2005 年，永老寨作为“中国佤族学术研讨会”的一个分会场，受到了来自国内外佤文化研究专家们的一致好评。2006 年 5 月，岳宋村永老寨佤族传统文化保护区被列入《云南省第一批非物质文化遗产保护名录》，是追溯阿佤文化历史，挖掘整理开发原始民俗文化体验型旅游活动的首选之地。

博航阿佤文化旅游特色村

交通情况：全程柏油路

博航村(即勐梭镇秧洛村所辖第8、9、10共三个村民小组)位于县城东面，距勐梭镇政府 8 公里，距新县城 11 公里，是西盟县佤族文化特色保存较为完好的佤族村寨之一。新建设的澜西二级公路穿村而过，是连接澜沧县和西盟县的第一个村寨。

节庆活动

春节

每年春节黄金周期间，西盟县均举办一系列丰富多彩的民俗文化体验活动，向广大游客展示本地独具特色的阿佤文化，如果你亲临现场，将充分领略佤族独特的民风民俗。

中国佤族木鼓节

中国佤族木鼓节是西盟举办的民族传统盛会，中国佤族木鼓节及其系列活动于每年 4 月 10 ~ 13 日举行。

新米节

佤族、拉祜族的隆重节日，每年农历八月十四至八月十六日举行。

十●一国庆节

每年“十·一”黄金周期间，西盟县均举办一系列丰富多彩的民俗文化体验活动，向广大游客展示本地独具特色的阿佤文化，是到西盟旅游，体验阿佤文化的极佳时机！

西盟米荞：西盟米荞产于滇南边陲阿佤山区，生长在海拔 1200 ~ 1700 米葱翠云绕的群山之中，不施化肥，不用农药，符合绿色无公害食品标准，籽粒营养丰富，含有多种营养成分，味美纯真。

购买地点：城区各大商店，景区周边

佤族服饰

购买地点：阿佤衣服饰店、春民族服饰店

具有浓郁佤族特色的服装、披风等。

民族工艺品

佤族特色背包和手箍、头箍耳环等饰品。

购买地点：阿佤衣服饰店、春民族服饰店

各种时鲜土产

时鲜土产就一定要到农贸市场去淘啦，不认识的东西多问问，你一定会大有收获的哦。

购买地点：西盟农贸市场

美食西盟

佤族喜欢吃辣椒。如若缺少辣椒，再好的菜也嫌美中不足。酸笋是佤族最喜爱的。每年夏秋季节，每个家庭都要腌制几罐酸笋子。把笋子削成薄片或切成长条，塞进罐内密封即可。佤族一年四季都食用酸笋，尤其是煮鱼、煮螃蟹，酸笋更是少不了的佐料。在佤族饮食中，水酒、佤族稀饭、绿豆菜、小黄散叶汤是最有民族特点的。以下介绍的几种饭菜，便是佤族饮食风味的代表作。鸡肉烂饭、牛苦肠稀饭，配上阿佤水酒是佤族人民逢年过节或办婚丧大事时必备的饭食。

佤族稀饭制法：将杀好洗净的鸡先连皮烧黄，然后再同大米、酸笋子、盐巴、辣椒、花椒等放锅内煮。当米快熟透时，把鸡拿出来，撕下肉，连同葱、茴香面、大蒜、香蓼、薄荷、芫荽等佐料一起放进锅内，盖好盖后再焖少许时间，启盖后用勺子搅拌数次即成。

佤族水酒是小红米洗净煮熟冷却后，拌上自制酒药酿制而成的。饮用时把发酵后的小红米放入竹筒中，加上山泉水浸泡 20 至 30 分钟，再用竹管将酒引出后，倒入小竹筒杯传递共饮。泡好引出的水酒呈乳白色，清香沁人，甘甜爽口，饮时需遵循“佤礼”，酒酣歌醉，尽兴忘返。

西盟美味特色餐饮

名 称	电 话	地 址	特色菜
★ 佤族部落山庄	13769908778	西盟县龙潭景区博物馆附近	芭蕉花、烤乳猪、佤族凉拌鸡
★ 八一时间	15008814374	西盟县班母村11组42号	五香鸡、五香腊肉、甜笋煮山鸡、酸辣鱼、火烧干巴
★ 西盟傣味农家乐	15287680344	西盟县勐梭路南归路口对面	烧烤鱼、傣味拼盘、牛撒撇、酸肉

"★"为市级特色餐饮店、农家乐

住在西盟

星　级	名　称	电　话	地　址
精品酒店	佤山秘境精品酒店	0879-3016699	勐梭龙潭景区内
★★★	司岗里大酒店	0879-8345888	普洱市西盟县新县城龙潭路 388 号
★★★	龙潭大酒店	0879-8346666	普洱市西盟县勐卡路 725 号

游古城
捉神鱼
逛金山角

孟连

孟连傣族拉祜族佤族自治县，位于云南省西南边陲。面积 1894.14 平方公里，2013 年人口 13.83 万人。县政府驻娜允镇。目前下辖：娜允镇、勐马镇、芒信镇、景信乡、富岩镇和公信乡。孟连，系傣语谐音，意为“寻找到的一个好地方”，当年傣族王子，逃难到此，见平芜清水，沃野无边，于是定居下来，创建了一个绵延数百年的傣家王国。素有“傣家民俗之都”“边地绿宝石”“龙血树的故乡”的美称。

旅游咨询电话：0879-8724098

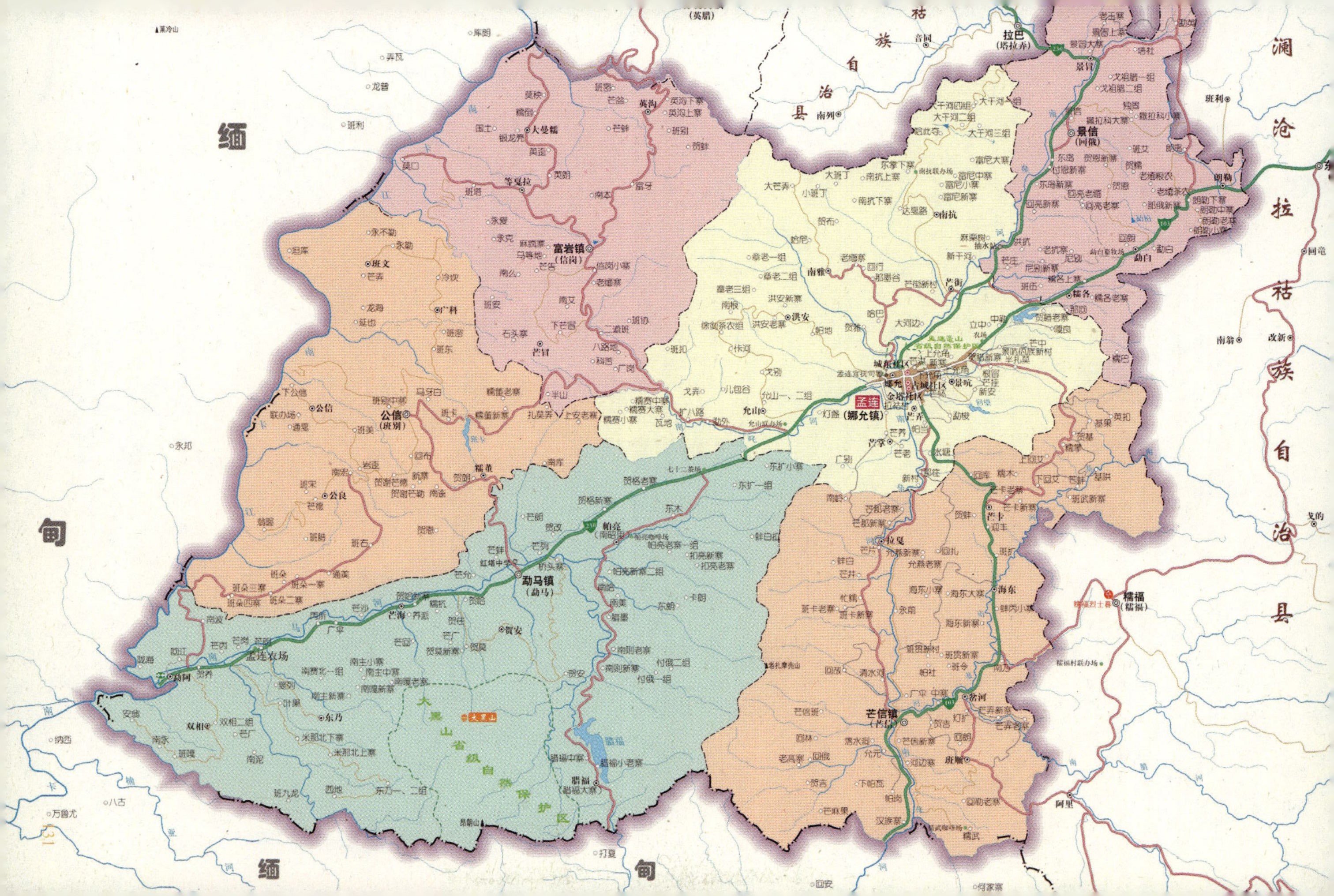

澜沧拉祜族自治县
西盟佤族自治县
缅甸
缅甸
孟连(娜允镇)
勐马镇(勐马)
芒信镇(芒信)
富岩镇(信岗)
公信(班别)
景信(回俄)
拉巴(塔拉寿)
糯福(糯福)
大黑山省级自然保护区
南雅
洪安
南抗
芒街
公良
班文
广科
糯董
帕亮
景阳
勐阿
海东
拉吴
芒丰
东乃
双相
糯各
勐白
芒国
大曼糯
等戛拉
英沟
班利
南列
库朗
永邦
八古
万普尤
打夏
回俄
戈的
阿里

县公安边防大队
芒洪
孟连烈士陵园
县民族中学
县供电公司
孟连客运站
城东加油站
吉安宾馆
景吭
城市花园
花园宾馆
县政协
县国税局
人和宾馆
嘀玉度假宾馆
兴惠印刷厂
祥鑫宾馆
下允角村
质量技术监督局
嘉兴宾馆
移动通信孟连分公司
百富小区
贺嘎
县粮食局
县残联
农村客运站
城东社区
羽龙宾馆
县供电公司
县农业局
县人民医院
县政府
县委
县人大
县公安局
兴万家购物广场
集贸市场
县中波局
孟连宣抚司署
娜允古镇
孟连宾馆
中行县支行
县气象局
县检查院
县法院
勇康宾馆
中国财产保险
孟连支公司
自来水公司
县林业局
芒戛
县一中
兴业酿酒公司
加油站
镇幼儿园
住建局
种子管理站
中国邮政
县教育局
县财政局
农行县支行
县实验幼儿园
县木材交易市场
娜允镇政府
镇综合服务站
镇防保站
县环保局
县地税局
农村信用社
镇文化旅游
开发有限公司
如意大酒店
澜沧江酒业集团孟连分公司
魅力康体中心
青少年学生户外活动中心
中缅街如意商贸城
县审计局
金都大酒店
梦锦宾馆
县第一小学
金塔
金塔广场
县委老干局
明珠宾馆
民族希望小学
县科技局
芒怀
政府政务服务中心
县公安消防大队
县道路运输管理所
宝龙宾馆
享泰宾馆
富集花园
环城宾馆
兴和楼
孟连建材市场
锦绣宾馆
芒弄村
连川饭店

这里属南亚热带湿润气候类型，因地势复杂，海拔高低不同，境内气候垂直变化明显。年平均气温为20.4℃，最高气温达36.7℃，每年1至2月最冷，平均气温13℃左右。全年平均降雨量1315.40毫米，全年雨日达170天左右，1至3月降雨量最少，5至10月为雨季，雨量占全年降雨量的88%。全县林业用地面积152.25万亩，森林面积113.7万亩，森林覆盖率为49.7%，活立木蓄积量434.09万立方米。植物中以龙血树、橡胶、楠木、柚木、紫柚木等较为珍贵，其中龙血树资源丰富，连片面积为799.5亩，数量居全国血竭资源之首。这里，热带水果有芒果、菠萝、香蕉、菠萝蜜等10多种。另外，还有丰富的竹林资源，如著名的有直径达30 ~ 40厘米的龙竹，以及大金竹等。

>>> Go!

出发——去孟连

公路线路

澜沧—孟连
二级公路，里程 56 公里，行驶时间约 1 个小时。

思茅—孟连
全程为二级公路，全程约 260 公里。

线路推荐

县内一日游

早餐—娜允古城（宣抚司署、上、中、总佛寺）—观金山森林公园（龙血树自然保护区）—法罕山—中餐（汉味或民族风味餐）—大金塔—娜允广场—中缅街（如意商贸城）—上允角旅游特色村（傣族风味餐）—民族歌舞联欢

民族风情一日游

早餐—（12 公里）—勐外土司避暑山寨—（32 公里）—富岩大曼糯（世界第一树）—（12 公里）—中餐（富岩镇：佤族风味餐）—（56 公里）—芒信—（5 公里）—广伞爱伲寨子—晚餐（爱伲风味餐）—（24 公里）—返回孟连
民族风情一日游 富岩大曼糯后加上樱花避暑山庄（11 公里）

口岸观光一日游

早餐—(14 公里)—尼珠尼克庄园—(36 公里)—万亩橡胶园观光—(3 公里)—勐啊口岸观光—中餐—(26 公里)—返回勐马—(3 公里)—勐马瀑布、勐马大小寨—晚餐（傣族风味餐）—(2 公里)—勐马温泉—(29 公里)—返回孟连

娜允古镇

景区含宣抚司署及上城佛寺、中城佛寺、孟连总佛寺等景点。

地理地址：位于孟连县城西北部，东临南垒河，背靠金山

交通情况：距县城约1公里。步行即可到达，也可驱车前往

门票价格：无

“娜允”傣语意为“城子”，是元、明、清、民国四个时期孟连的政治、经济、文化、宗教的中心，也是孟连傣族统治集团的王城。历时达719年。整个娜允古城以“宣抚司署”为中心，周围按照严格的等级制度分上、中、下三城及芒方岗和芒方冒两寨，上城是土司和

家奴居住地，现存主要建筑有上城佛寺和宣抚司署；中城是宣抚司署官员居住地，保留了中城佛寺和部分傣族官员的民居；下城是宣抚司署议事庭长和头人居住地，原有古建筑下城佛寺，于 20 世纪 60 年代被毁，现正恢复重建之中；芒方岗、芒方冒是为土司警卫打猎、养马、养象等服务的直属村寨。

玩家评语：孟连的必去之地。进去，则可走进傣族的历史。

宣抚司署

孟连宣抚司署，傣语称“贺罕”，意为金色的王宫，土司被称为“召贺罕”，意为金色王宫之王，在傣族封建领主制社会中，享有较高的地位和声誉，我们习惯称为“土司府”。这座土司府是云南最大的18座土司府中至今保存最为完好的一座，土司府也可称为当地傣族土司刀氏的衙门。其建筑设计和雕刻都极具艺术性，坐落于旖旎迷人的南垒河畔。宣抚司署既保留了傣族干栏式建筑的特点，又兼有汉族建筑的重檐，同时也具有白族建筑特点的走马转角楼，是一座傣、汉合璧的大型建筑群。

可以想象，数百年来，这座王宫里住过多少美女，多少英雄，发生过多少故事，收敛过多少钱财，受过多少人的羡慕，受过多少人的朝拜。现在，空空如也，成了我们参观的一个景点，而且不收门票。由此可见，在时间面前，权力、钱财都只是过眼云烟。我们所能做的，就是珍惜眼前，只有当下的快乐，是我们唯一能把握住的，唯一属于我们自己的。谁也夺不去，包括时间。

另外，宣抚司署院内有一棵龙血树，你能找到吗？据说，龙血树是世界上最长寿的树之一。

上城佛寺

上城佛寺又名洼景儿（傣语，意为龙城佛寺），坐落在金山上，紧靠龙树群落，与娜允傣族古城构成一道人与自然相映衬的亮丽风景线。寺内有一石洞与南垒河的龙潭相连，据传，“龙城佛寺”因龙潭中的龙经常沿此通道来佛寺听经布道，接受香火洗礼而得名。佛寺具有较高的声誉，是土司时期土司家庭的专用佛寺，国内外高僧到孟连相访通常都要到这里居住。

上城佛寺建于1868年，占地5000多平方米，主体建筑佛殿为歇山顶三重檐外廊式土木结构，共有56棵圆柱，呈8排对称排列，各柱、枋、梁、檐都有用金粉贴印的多种花卉、动物和人物图案，屋面是小挂瓦。佛龛上塑有释迦牟尼像，周围悬挂着教徒们敬献的各式各样的幡，幡上记述着傣族的神话和传说故事，绘有生活图案，并通过民间剪纸、织锦、彩绘等民间艺术形式，把傣族的历史、建筑、生产、生活、宗教、信仰等生动形象地表现出来。步入佛殿，那些神奇的传说，形象的剪纸艺术，将会令人感到傣族文化的博大精深和渊源流长。

具体地址：位于孟连县城内南垒河畔，娜允广场旁

交通情况：步行即可到达

门票：3元

孟连大金塔由24个附塔环抱，一个主塔组成，占地3540平方米，主塔高31.6米，每座塔均挂有风铃，每当风吹过，风铃便发出清脆的叮当声，让人感受到别样的佛国意韵，同时傣家人认为这是来自天上的梵音。据传，孟连金塔的来历与孟连宣抚司署密切相关。孟连宣抚司署，傣语称“贺罕”，意为金殿。很久以前，人们就觉得应该有一座与金殿交辉的塔，后来便在此造了此塔。金塔建成后，与“金殿”珠联璧合，相映生辉。

孟连金塔是受典型南亚文化影响的南传上座部佛教佛塔。塔的形式为金刚宝座式，即一个塔基上有大大小小的塔组成，塔数为奇数，孟连金塔共有25座小塔，也有塔基上只有一座佛塔的，塔所供奉的佛像从相貌、穿着上与中原佛教大为不同，印度原始佛教成分含量比较多。

孟连大金塔是省内最大的金饰佛塔。

玩家点评

男性游人，可以到塔内参观，进去要脱鞋。运气好，可以碰到小和尚们念经的场面。围成一个大圈。每个人都穿着黄色的僧衣，半露着肩膀，每个人的目光都很纯净，净得让世人惭愧，让世界惭愧。

勐外娜允
土司避暑山寨

具体地址：孟连县城至富岩镇公路 15 公里处
交通情况：柏油路面，行驶时间 20 分钟
门票：无

勐外被群山环抱，依山傍水，风景优美，附近山上森林覆盖率达到 95% 以上。傣历八五四年（弘治五年，公元 1492 年）8 月 8 日，孟连第七代土司刀派约因病退位，选择这里做他的隐居地方，这里成了土司家族的避暑山寨。现为民族文化旅游生态村。

法罕山

具体地址：位于孟连县城北部，距县城大约有 2 公里
交通情况：交通情况：柏油路面，行驶时间 10 分钟
门票：3 元

法罕山，傣语意为“金岩”，是傣族人民心中的“神山”“佛山”，山上有“佛迹”。传说是佛祖巡视来到孟连在法罕山休息静坐时留在崖壁上的印迹，一直被国内傣族民众和东南亚一带的人们所敬仰和供奉。法罕山上生长有上百年树龄的龙血树群、紫柚木、大叶榕等亚热带珍稀树种，有大小溶洞 5 个。

传说：佛祖巡视来到古时孟连，见这里很荒凉，便停下脚想拯救这里的人们。当他在法罕山背靠山崖闭目静思时，

遭恶龙侵袭，佛祖制服了恶龙。为了惩戒恶龙，造福这一方水土，佛祖便把恶龙的身躯化成了一条河，其龙头变成了两座山，这条河就是今天的南垒河，而金山、银山就是龙的两只角所变的。孟连周边的龙听说佛祖来到了法罕山，纷纷前来朝拜，由于路赶得太急了，有几条龙不小心划伤了肚皮，龙血洒到的地方从此就长出了郁郁葱葱的龙血树。所以龙血树不仅寿命长，用刀割破外皮的话，还会流出像血浆一样的红色汁液呢！

玩家评语：传说，不一定可信，但我们总得信点什么，比如，树，也是会痛的。

孟连口岸

地理地址：孟连县勐马镇勐阿村

交通情况：从孟连县城驱车前往约 50 公里，全程柏油路，1 个小时左右可到达

在孟连一百多公里的国境线上，有大小通道 18 处，边民互市 4 个。勐阿口岸的中缅友谊大桥——邦康大桥下据说是会出金沙的南卡江，金三角就在眼前。跨过这座桥，脚下便是金三角的土地了，它是缅甸第二特区邦康市。

缅甸也是一个多民族的国家，共有少数民族 50 多个，有 100 多种语言。人们大多信仰南传上座部佛教，因此佛教在国内十分普及且广泛，无论是在城市还是在乡村，到处都可以看到一座座雄伟庞大、精致堂皇的塔。走在街道上，随处可见身披杏黄色袈裟的和尚。

邦康，也是一个佛的世界。我们前往邦康的第一站，便是缅甸第二大金塔。

玩家评语：记得在桥上拍张照，证明自己出过国了。其实缅甸的山和这边的山是一样的，人也是。大地本身没有国界。你看那些云，那些白鹭，过来过去，都没办过护照。

公园与温泉

【三山一河公园】

坐落于孟连县城的三山一河公园里的金山、银山是傣族心中的圣山，而帕罕山则是傣家人朝圣的地方。公园内有一个全国面积最大的龙血树自然保护区，美丽的南垒河将金山、银山一分为二。

【金山森林公园】

娜允古城背靠的这座山便是金山龙血树自然保护区，作为承载傣族人民心中的神山，七百年来一直受到人们很好的保护。金山森林公园总面积 54 公顷，海拔 960 ~ 1100 米，区内有 2833 株小花龙血树。是我国唯一保存完好的龙血树存林（全长 2.8 公里，步行大概 40 分钟）。在金山顶部东侧生长着一种奇特的树种，每年秋冬落叶之时，光秃秃的树枝上滴滴答答不停地落下水滴，雨线如银，昼夜不止，傣族人民称之为“下雨树”或“泪雨树”，并把它当作“神树”来祭拜。传说立于树下沐神雨，可祛病强身，消灾而保平安，四方百姓常来祭拜求取，络绎不绝。

小花龙血树属龙舌兰科龙血树属，是提取名贵中药“血竭”的主要原料。在我国，血竭是传统中医治疗跌打损伤的特效药，其应用已有 1000 多年的历史，多用于止血、活血、生肌，治疗跌打损伤、五脏邪气等。小花龙血村一般高 12 ~ 15 米，最高可达 24 米，胸径 40 ~ 100 厘米，最大可达 108 厘米。小花龙血树树为阳性树种，花期 2 ~ 3月，果熟期 6 ~ 7月，根系发达，不仅具有较高的药用价值，同时也是很好的观赏树种。

云南，是一块神奇的土地，普洱是神奇的代表，总有一些你无法想象的事物出现在你的面前，让你惊叹造物主的伟大和精细。

玩家点评

【勐马温泉】

勐马温泉又称“芒蚌温泉”，位于勐马镇政府北部 2 公里处，距孟连县城 30 公里。勐马温泉出水口在勐马镇芒蚌村附近的南养河西岸，泉水呈三角形集中分布，北、西、东三处泉水水温分别为 54℃、49℃、26℃。勐马温泉风情园现已建成集娱乐、食宿、游泳等为一体的综合休闲度假村。

【勐马瀑布】

位于勐马镇政府东南面 3 公里处，水声如雷，河水从高 35 米、宽 5 米的河床陡壁泻落，飞沫如雾，凉气袭人。

上允角傣族风情村

位于县城东 2 公里处，上允角傣族风情村属娜允镇，具有纯朴浓郁的傣族风情，可体验原汁原味的农家生活。

景冒文明示范村

位于县城东北部 30 公里处，为省级文明扶贫示范村，民族风情浓郁，一派欣欣向荣的景象。

腊福拉祜族生态村

位于腊福大黑山原始森林自然保护区内，以传统的农业经济为主，有古茶园 300 亩，有原始古朴的拉祜族风情，是感受纯朴民风、享受世外桃源悠然情趣的休闲胜地。

勐外土司避暑山庄

位于县城西部 12 公里处，为孟连第七世傣王刀派约退位后隐居的地方。勐外傣族自然村依山傍水，风景秀丽，保留了典型的“孟连”傣族传统建筑风格，拥有深厚的民族文化底蕴。

富岩大曼糯佤族生态村

位于县城西北部 51 公里处，是一个集神奇、古朴、生态为一体的佤族聚居群落，完整地保持了传统习俗，是国内外友人研究和感受中国佤文化的好地方。

玩家评语：旅行，非常重要的一点，是走行乡村。中国，所有的大城市，已经是同一面孔了。很多小城市，也越来越趋同。唯有乡村，还保持着很多各具特色的传统与风情，在普洱，尤其不能忽视那些村寨。几乎每一个村寨，都是一座民俗博物馆。

东方水上狂欢节
——中国·孟连娜允神鱼节

孟连每年有很多具有少数民族特色的节日：每年4月13日至16日为傣族一年一度的泼水节；同时也是一年一度的东方水上狂欢节——中国·孟连娜允神鱼节；每年农历八月十五日为佤族一年一度的新米节；每年农历十月十五日至十七日为拉祜族一年一度的葫芦节。

其中最具特色的是神鱼节。

传说很久以前，佛祖派神鱼到孟连送谷种，途中被魔鬼抓住，并拿去用火烤，神鱼的一只眼睛都烤突出来，身子也卷起来了。这时，神鱼忽然想到自己的使命，顽强地奋力一跃跳进河里，顺利地把谷种送到了孟连，孟连人民从此过上了幸福的生活。为纪念神鱼，每年的4月12日至14日，孟连县就要迎来一年一度的东方水上狂欢节——中国·孟连娜允神鱼节，以纪念这条神鱼。神鱼节的这天，南垒河畔人山人海，呈现出几万人下河捉神鱼的壮观场面，热闹非凡，十分壮观。

玩家点评

玩家评语：并不是每个人都喜欢吃鱼，但大多数人都爱捉鱼。在这里，每一条鱼，都是快乐化成的。有的，重达八九斤。

孟连的集市

孟连集贸市场

各种热带水果——香蕉、葡萄、菠萝蜜、荔枝、西番莲、番木瓜、芒果。

风味食品。具有特色的风味美食，如傣族“牛皮”“酸笋”“干巴笋”“糯米”“小香蒜”，佤族“小红米”等，都具有民族特色。

少数民族工艺品——银腰带、银饰品、傣刀、拉祜长刀、竹编、藤编工艺、纺车、木鼓、傣族“筒帕”、葫芦、傣锦、织锦挎包、土锅、土茶具、木雕、版画、剪纸、刺绣、描金等。

玩家评语：集市其实是一面窗子，在这里，可以看到一个地方的很多东西。比如物产，比如服饰，比如人情。在这里，是一个少数民族服饰的展览会，有哈尼族、傣族、佤族等等，他们的服饰有些会旧，会破，会脏，但这比那些在电视上看到的清一色的、崭新的要亲切得多，因为它们来自生活，来自烟火，来自大地。我最喜欢的那种傣刀，五六十元一把，线条、造型还有刀鞘，都很有少数民族的特点，让人爱不释手。

如意商贸城

在孟连县城的中缅街，占地86亩，集贸易、购物、餐饮、康体、休闲娱乐于一体，造型优美，规模壮观。为泰国建筑风格，拥有480间商店和一个大酒店。这里集合了中、缅、老、泰、马、新等东南亚国家的商品，以珠宝、玉器居多，因为是免税区，价格优势是别处无法比拟的。

玩家评语：很多人认为买玉，去腾冲和瑞丽是最佳的选择，我个人认为在孟连也能淘到价廉物美，让你心仪的宝贝。

食在孟连

吃是旅途中非常重要的项目，一定不能随便。每个地方的饮食，不仅会得到不同的味道体验，而且还可以通过饮食窥见当地的文化和历史、地理等不同之处。特别在普洱，吃的东西非常多，而且很多是外面不常见到的山蔬野菜，不会有我们担心的农药和食物添加剂，相反还有一定的保健减肥作用。孟连饮食风味独特，配以多种香料佐菜的傣味饭菜，味香醇厚的佤族水酒，做工独特的拉祜烤肉，让您在尽情畅游孟连风情的同时，一饱口福。

其中，上允角傣族生态村的饮食是其中的代表。这里是民族文化旅游生态村，保留了傣族传统的建筑，在这里可感受到浓郁的民族风情。特别是村内有多家傣味餐馆，可以品尝到风味独特的傣家传统佳肴，充分感受正宗的傣家饮食文化。傣家饮食的代表菜有：牛撒撇、酸笋煮鸡、炸牛皮、猪皮、烤肉、烤鱼以及各种原生态野菜等。

孟连美食

孟连，主要居住着傣族、拉祜族、佤族为主体民族的 21 种少数民族，各少数民族均有古老的文化传统，有自己的语言、服饰、节日、歌舞及生活习性，悠久的民族传统文化孕育了多彩的民族美食。

傣族以大米为主食，过去全吃糯米，现粳、糯同食。喜食酸辣，酸肉、酸鱼、酸腌菜均是日常的佐食。肉类以猪、牛为主，还善吃鱼、虾、螺、蟹等水产品。蔬菜品种丰富，有青菜、白菜、菠菜、番茄等数十种。野菜有野芹菜、水香菜、马蹄菜、鱼腥草等 10 余种。传统风味有牛撒撇、酸笋煮鱼、油炸牛皮等。

拉祜族以大米为主食，辅以玉米、荞子等。肉类主要有猪、牛、鸡及猎获的各种野味，蔬菜有青菜、白菜、萝卜、薯类、黄瓜、豆类、竹笋和野菜等。拉祜族喜食烤肉，将其作为招待宾客的上等菜。喜食辣椒，常将大米、蔬菜、肉类和各种佐料拌入锅内混煮。

佤族以大米为主食，辅以玉米、小饭豆、荞子等。肉类主要有牛、猪、鸡及猎获的各种禽兽。多靠采撷野菜。喜食稀饭，把酸笋、大米、菜、肉、盐等佐料煮在一锅里即成。喜酸辣，传统风味有鸡肉稀饭。喜泡制水酒，是待客、祭鬼和婚丧时的必备品。

哈尼族以旱稻为主食，喜食酸辣。蔬菜品种较多，喜食各种野菜。传统风味有猪肉剁生，会腌制冬腌菜，嗜烟、酒和茶。

孟连美味特色餐饮

名称	电话	地址	特色菜
★ 东坡羊	13987985081	孟连县城东郊白糖厂坡脚	宫廷蒸（烤）全羊、宫廷烤香猪
★ 景东云庄	13769089216	孟连县城澜阿公路61公里处	无量山腊肉、火烤肉、红菌煮鸡、青椒奶浆菌、红肉
★ 田缘饭庄	13887956500	孟连县城环城西路县一小旁	傣味鱼子酱、舂牛干巴、米线牛撒撇、猪皮野菜汤
★ 咪弄嫩宫廷料理	15912978034	孟连县勐马镇勐马村芒朗小组	傣族宫廷料理、鱼撒撇、宫廷魔芋、宫廷竹筒甜笋鸡、炭烤鳝鱼
★ 佤源山庄	15891967339	孟连县娜允镇娜允村根冒小桥旁	狗酿肠、火烧猪排、火烧牛干巴、舂山椒包烧鱼
★ 允角傣韵餐厅	0879−8729142	孟连县娜允镇上允角小组	扎牛皮、干巴包烧鱼、酸笋鸡、酸牛角
★ 布弄傣味	13887998181	县城环城西路芒展芒养路口	生吃野菜、手撕鸡、蒸包肉、包烧鱼、带皮三线肉
★ 傣家乐餐厅	15331668099	孟连县上允角佛寺对面	牛撒撇、生吃野菜、傣味凉拌鸡、烤肉、烤鱼

“★”为市级特色餐饮店、农家乐
“★”为县级特色农家乐

住在孟连

星级	名称	电话	地址
★★	鑫海宾馆	0879−8725888	孟连县海关路
★★	教育宾馆	0879−8728958	孟连县教育巷

一城连三国的地方

江城

天赐普洱 世界茶源
Godsent Puer Tea Source of the World
一城连三国的地方
——江城县
VIỆT NAM
中国

“一城连三国”的区位条件、内环三江的水文地理特点以及温和湿润的立体气候，为江城县提供了丰富的旅游资源。这里有高覆盖率的森林草地、纵横交错且丰富的江流风景、梯级电站人造湖泊、众多的动物植物，以及集中连片的胶园、茶园、水果园等等。其中，三国交界的十层大山、李仙江畔的亚热带雨林、狮子岩大山的奇峰异石、曲水乡的万亩胶园、牛洛河的万亩茶园、中老边境的 7 号界碑、整董镇的傣家竹楼、勐烈镇的历史遗迹……都是让人流连忘返的景点。江城作为边境交通要塞，从水路可通越南的莱州（省）、河内，陆路可达老挝的丰沙里（省）、万象，那一路的异域风景，更是让人神往。

旅游咨询电话：0879-3726177

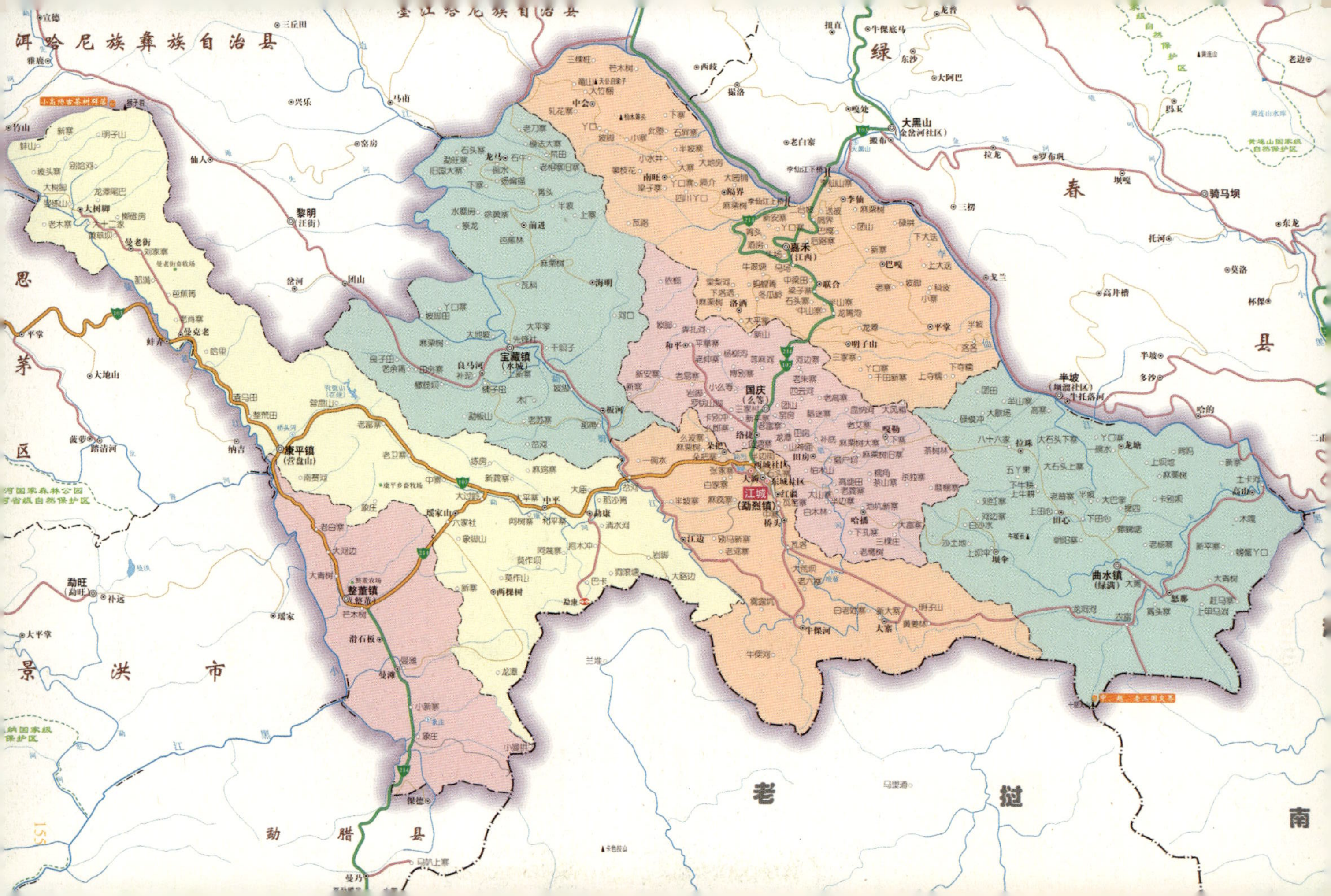

墨江哈尼族自治县
澜沧拉祜族自治县
绿春县
思茅区
景洪市
勐腊县
老挝
南
江城
(勐烈镇)
国庆
(么等)
嘉禾
(江西)
宝藏镇
(水城)
康平镇
(营盘山)
整董镇
曲水镇
(绿滴)
大黑山
(金竹河社区)
半坡
(坝溜社区)
黎明
(汪街)
勐旺
(勐旺)
骑马坝
李仙江
中会
南旺
隔界
联合
洛浦
明子山
平掌
巴嘎
和平
龙马
前进
海明
板河
良马河
曼老街
曼克老
大树脚
中平
勐康
两棵树
滑石板
曼滩
小新寨
象庄
倮德
拉珠
龙勐
田心
坝伞
高山
牛倮河
大寨
东城社区
西城社区
桥头
田房
哈播
嘎勒
红疆
江边
团山
大过岭
瑶家山
六家社
中寨
老白寨
大河边
大青树
芒木树
坝爷
巴卡
迈达
小黑江
新寨

麻栗树村
箐源大酒店
县法院
盛和花园
东城佳园
农村信用社
三江大厦
三国商贸城
民族广场
会务中心
电信江城分公司
计划生育服务站
鑫成汽贸
花园公寓
花园酒店
县水务局
移动公司
县委党校
江城县高级职业中学
县路政管理大队
勐烈镇政府
镇卫生所
华贸市场
县消防大队
县国土局
县建设局
锦江宾馆
殷氏综贸公司
农村信用社
县审计局
烟草专卖局
县总工会
县妇联
县卫生局
江城小学
中山阁公寓
金马假日酒店
县疾控中心
县一中
县教育局
县委
县政府
县人大
县政协
县人民医院
县地震局
县扶贫办
县粮食局
新华书店
县烟草局
中国农业银行
县公销社
县邮政局
县气象局
县民政局
锦绣花园
客运站
运输公司
中石化
县林业局
红疆村公所
县财政局
县水务局
县残联
勐烈派出所
县公路管理段
县交警队
县民族小学
县质监局
县宾馆
县活动中心
鑫宏大酒店
聚金楼
中小学校外活动中心
西城社区
勐烈湖湿地公园
县交通局
勐烈水库
勐烈河
大路

江城哈尼族彝族自治县位于云南省南部，因李仙江、曼老江、勐野江三江环绕故名江城。与越南、老挝两国接壤，边境线长达 183 公里，是云南省唯一与老挝、越南两国接壤的县城。江城地处横断山脉，无量山尾端，有着丰富的自然资源和良好的生态环境。地势呈西北高东南低，最高的狮子崖海拔 2207 米，最低的土卡河仅 317 米。江城县的各民族都有自己的语言，6 个世居民族中除哈尼族和拉祜族外都有文字。独特的风俗习惯、生活方式、民居建筑、民族服饰、传统节日、民歌民谣、民间舞蹈丰富多彩。各民族的传统节日有“哈尼年”“火把节”“泼水节”“盘王节”和各种祭祀活动，舞蹈有跳笙、嘎尼尼、阿迷车、虎脊舞、孔雀舞、祭祀舞等 10 余种。

江城景观丰富，有崇山峻岭，最高海拔 1400 米，山脚为热带风光，有野牛、野象、绿孔雀、树蕨等动植物；山腰处有高差数十米的瀑布；山顶部为亚热带风光。江城有热带水果园：芒果园、菠萝园、荔枝园、龙眼园等，既可登临山顶观赏三国风光，也可走进山腰观赏瀑布，还可进入果园饱尝大自然的美味，体会自然生态平衡带来的无穷乐趣。

玩家评语：最喜欢江城的水。内环三江，水在此产生了各种各样的姿态：有湍急、有潋滟、有跌宕、有平静、有辽远、有旖旎。泛舟江中，很容易让人想起那首美丽的《江城子》：狮子岩下雨初晴，水风清，晚霞明。一朵芙蕖，开过尚盈盈。何处飞来双白鹭，如有意，慕娉婷。忽闻江上弄哀筝，苦含情，遣谁听！烟敛云收，依约是湘灵。欲待曲终寻问取，人不见，数峰青。

出发——去江城

旅行社

江城志远旅行社是江城县后起的服务产业生力军，成立于2008年8月8日，是云南省旅游局批准的国内旅行社，也是江城县第一家具有组织中国公民国内旅游、商务考察资质的公司。
地址：江城县欣星路9-2号二楼
电话：15911262077

公共交通情况

江城县公路建设现状：
江城县境内有省道2条，即省道晋思线和楚勐线，里程全长256.4公里。江城县横向以省道思江公路—江曲线—土卡河为主干线，南北以省道楚勐线为主干线，对外有中老七号界碑公路，瓦雾线，江曲线—土卡河公路，对内有S214江城—绿春公路，江城—墨江公路，江城—思茅公路，江城—普洱公路。

主要景点

一脚踏三国十层大山（中、老、越三国界碑、野生杨梅树王、瀑布群、石生大树）；
风情浓郁的整董（中董一碗神水、大河边傣族民俗村、大河边瀑布、温泉、曼贺井三寨民俗村、古贺井塔）；
李仙江风光（土卡河陆地渔村、土卡河漂流、李仙江热带雨林、土卡河电站湖面游、戈兰滩电站湖面游）；
勐康中老口岸（中老7号界碑）；勐康温泉景区、勐康狮子崖风光（为江城县海拔最高有2207米）、牛洛河万亩茶园、明子山古植物桫椤园；
吊竹险峡(独特的热带吊竹峡谷风光)；
二叠河（长4公里，原始热带森林风光，可游玩1～4小时，徒步）；
清水河（长3公里，原始森林风光，可游玩1～4小时，徒步）等。

线路推荐

一日游线路：
早餐后观吊竹险峡、徒步游二叠河和头道河热带森林风光，登一脚踏三国十层大山。
景点特色：观原始自然风光，感受自然的洁净，呼吸自然的氧气，向大山叹出心中的感慨，释放你的激情，寻找最原始的自我。
二日游线路：
D1：观吊竹险峡、徒步游二叠河和清水河热带森林风光，登一脚踏三国十层大山。
D2：游风情浓郁的整董，观中董一碗神水、大河边傣族民俗村、大河边瀑布、温泉、游曼贺井三寨民俗村、观建于1850年的古贺井塔（可选择在傣家人家午餐或在整董镇午餐）。
三日和四日游线路：
D1：游风情浓郁的整董，观中董一碗神水、大河边傣族民俗村、大河边瀑布、温泉、游曼贺井三寨民俗村、观建于1850年的古贺井塔。
D2：观吊竹险峡、徒步游二叠河和清水河热带森林风光，登一脚踏三国十层大山。
D3：乘船游李仙江热带雨林风光、土卡河陆地渔村、土卡河漂流、李仙江热带雨林、土卡河电站湖面游、戈兰滩电站湖面游。
D4：（供选择）勐康中老口岸（中老7号界碑）、勐康温泉景区、勐康狮子崖风光（为江城县海拔最高有2207米）、牛洛河万亩茶园、明子山古植物桫椤园等。
出境游线路：
江城—老挝约乌县—本怒县—丰沙里省城—万象、江城—越南勐念县—奠边府省城—河内。
在此基础上完成江城—琅勃拉邦—奠边府—江城的三国旅游环线。

站在山顶，可以看到，有村庄的那方是越南；老挝一方为山林草地相杂；中方这边，则是茂密的森林。这时候，感觉三个国家，就像农村里挨得很近的三个小家庭一样，亲密无间。

十层大山中老越三国公园

全国陆地与 15 个国家接壤，其中不乏一个县与两个国家相接壤的县，但用一座山峰一块界碑就把三个国家交汇在一个点的只有江城十层大山，一眼望三国的中、老、越三国界碑矗立于十层大山之巅，独特的地理位置造就了一眼望三国的奇迹。三国界碑为三棱立体柱，高 2 米，镌刻着各国国徽、文字。一个界碑代表三个国家，是中国乃至世界界碑史上少有的奇观，站在这里，就能脚踏三国版图，眼看异国风光。

十层大山海拔 1875 米，具有“一山分四季，十里不同天”的特殊气候，山上生长着丰富的野生动植物。距山顶 200 米处生长着一棵古老的野生杨梅树，根部周长约 5 米，高约 20 米，杨梅粒大如枣，甜中带酸，令人回味无穷。山间小溪淙淙，清泉石上流，瀑布飞流直下，水花四溅，凉爽扑面。热带雨林苍翠欲滴，乔木高耸，植被茂密，西南桦、千果榄仁、大尾芭蕉、刺竹、巨芋、树蕨错落有致地生长着。

主要景点：一城连三国标志、三国交界界碑、古野生杨梅树王、瀑布群、怒那大树花生、石生树、万亩胶园景观。

李仙江风光

李仙江发源于云南大理，因流经江城县李仙村而得名。国内长 488 公里，流经江城 103 公里。从曲水乡流入越南后称沱江（黑水江）。李仙江流入红河后在越南北部注入南海。

来到李仙江的人无不息车歇马，宽衣脱鞋，拖来这里特有的猪槽船冲进江里，泛舟水上。沿江而行，河岸遍布茂盛的热带雨林，绿叶覆盖，青藤缠绕，乔木灌林，奇花异草，令人目不暇接。许多珍稀动植物隐藏在这里，漫山遍野的吊竹，笔直穿云的望天树，婆娑如舞的椰子苏铁，令人闻风丧胆的箭毒木，声乐暗伏的琴叶楠，品高位尊的八角香兰，伊人秋波的豆蔻，湘君摇扇的红芋，金钟倒挂的石斛。还有菠萝蜜、五丫果、水橄榄、羊排果等江城特有的热带水果。如果眼睛累了，不妨靠岸找一块洁净的沙滩，或赤足戏玩，或倒头而憩。天空小鸟翻飞，脚下江水流淌，水中鱼儿戏耍。这一切会让远离了高楼大厦的您忘记车水马龙的喧嚣，忘记尘世的忧愁烦恼。

到李仙江，您一定要到陆地上的渔村土卡河美美地吃上顿鲜鱼。然后到土卡河电站，坐上游艇舒舒服服地游览近 30 公里的湖光山色，如果还不够过瘾，可以坐游艇继续游览戈兰滩、居甫渡、龙马三个电站 70 多公里的湖面。如果累了就弃船乘车回县城，途中可以欣赏明子山茶园、洛洒桫椤林。

主要景点：土卡河陆地渔村、李仙江热带雨林、土卡河电站、戈兰滩电站。

风情浓郁的整董

整董，傣语意为发现了一个平整的地方。与西双版纳的景洪市和勐腊县相连，是古十二版纳之一。

在江城生活的 25 种民族中，民族特色保存比较完整的当数整董傣族。傣族村寨多建在宽广肥沃的坝子边，隐于苍翠幽静的竹林丛中。整董的傣族几乎都居住在傣族特有的传统民居里。来到整董，一定要去看一看建于 1850 年，造型优美，风格独特，在傣族佛塔中特有的方塔——贺井塔，然后看看保存完整的傣族民俗村。

欣赏完傣族民俗民居，您可沿河而上，游览“养在深闺人未识”的大河边原生态瀑布。瀑布隐藏在一个峭壁后面，宽约 5 米，从 20 多米高的地方凌空飞落，冲进一个深潭，水流湍急，水雾弥漫，四周草木葳蕤，荆棘丛生，根藤缠绕。每年泼水节，全镇的傣家人会聚集在镇中心的大青树下，敲响象脚鼓，跳起孔雀舞，泼起祝福水，弦乐笙歌，载歌载舞。夜晚，青年男女会来到大青树下游戏玩耍、谈情说爱，如果您感兴趣不妨也融入其中。

主要景点：中整一碗神水、傣族民俗村、大河边瀑布、温泉、贺井塔、丰收塔、白塔、巨榕成林。

勐烈街

江城县城勐烈镇在南诏国时属银生节度地域，元朝建立云南行省后属云南省管辖，明朝正式在此设立钮兀司，清朝开始叫勐烈。1887 年清政府派兵驻守。1929 年，因其重要的战略位置，民国政府正式建立江城县，县城设在勐烈镇。1954 年江城成立自治县，县城仍设在勐烈镇，全镇现有面积 695 平方公里，人口 3 万人。

主要景点（县城为中心半径 30 公里左右）：老街、勐烈湖公园、烈士陵园、南麓山森林公园、县城观景台、田房、洛捷彝族民俗村、二官寨温泉、高地茶园、明子山茶园、洛洒桫椤林、宝藏深层矿盐浴、牛洛河万亩茶园。

玩家评语：这是一座沧桑的古镇，有许多历史遗迹。同时，这是一座美丽的小镇，有丰富的森林资源、水能资源、地热资源。勐烈镇以农历十二属相中的猪、兔、羊为赶集日，若能遇上，可以在集市上集中地看到当地的民情、服饰、语言、物产。爱好旅行的朋友都应该记住，每个地方的集市都是该地方活的博物馆。

感受边地风光

1. 体会边地江城，到老挝转转

江城南部毗邻老挝北部的丰沙里省，从县城出发，30 公里便到中老七号界碑 – 勐康口岸（老挝兰碓口岸），从国境线出发，2 个小时抵达老挝约乌县城，沿途可观民风民俗。

经老挝约乌县、本怒县 2 小时可抵达丰沙里省，游览阿卡寨子等民俗风情。

从丰沙里省经本怒县、奔代县、勐夸岔路到达乌多姆塞省城，游览省城勐赛；也可从丰沙里省出发，经本怒县、奔代县、勐夸岔路、乌多姆塞省城、巴莫镇，到达琅勃拉邦，游览琅勃拉邦王宫、香通寺、瀑布等；从琅勃拉邦出发，经巴日县、万象，游览万象千佛寺、凯旋门、塔銮，然后购物；之后从勐赛经本怒、兰碓口岸返回江城。

2. 感受异国风情，去越南看看

经江城龙富口岸出境，直达勐念县城，游玩勐念县城异国风情，沿路游览十层大山“十层大山中老越三国公园”。

从龙富口岸（越阿巴寨口岸）经勐念县城、勐岔县，到达奠边府市，参观奠边府战役遗址、大捷纪念塔，购物，考察民风民俗、山水风光。

从奠边府经山萝省城、首都河内到海防，游览下龙湾海上风光、购物。从海防回河内，游览河内景区景点、购物。从河内出发，经山萝省、奠边府。从奠边府经勐念县、阿巴寨口岸返回江城。

大树脚森林风光

康平乡大树脚村距离思江公路 25 公里，有迷人的田野风光，神奇的龙潭，茂密的森林。充满传奇色彩的狮子崖海拔 2207 米，为江城县最高点。

到过康平乡大树脚森林的人们，无不为这里的森林风光所陶醉。狮子崖顶四周长着半人高的野山茶，好似天然围栏，人站在上面，头顶白云轻轻拂过，远观树叶在阳光下随风翻飞，一如碧波细鳞。狮子崖大山上树种繁杂，果实累累，漫山遍野的株栗果、曼登果，形态奇特的绣球果，晶莹翠绿的树橄榄，鲜红如火的牛铃子果等等。最让人叹惜不已的是树脚下熟落堆积的多依果，黄灿灿的一山连一山，年复一年，腐化为泥。行走在这里峰回路转处突然会闪现一簇簇红色，在翠绿中显得特别扎眼，无意间抬头又会看到寄生在树干上的花朵，或红或白，真可谓“八节长青之树，四时不谢之花”。

主要景点：狮子崖风光、大树脚田园风光、神秘龙潭。

生态茶园

江城是普洱茶产地之一，清朝年间就大量出口东南亚。现有茶园 12 万多亩。来到茶园，既可欣赏美丽的茶园风光，又可品尝清香四溢的绿茶、暗香四伏的普洱茶，也可购买一些茶品馈赠家人朋友。被云南原省委书记普朝柱称赞走出了一条“三结合一体化”开发经营模式的牛洛河茶厂，从 1987 年开发至今有茶园 2 万亩，是云南省最大的集中连片茶园。另外还有明子山茶园、江城农场茶园。

主要景点：牛洛河、明子山、农场、高地现代茶园；田房、洛捷、博别寨古茶园。

扑朔迷离的民俗风情

好玩的节日

有人说“民族就是节日多”，一点不假，在江城，从正月的春节到腊月的哈尼节，月月有节，一年四季都在快乐喜庆氛围中度过。

彝族火把节：每年农历六月二十四日为彝族火把节。节日期间彝族村寨男女老少身着节日盛装，举行祭祀、祈福、赶集、杀猪、舂粑粑等活动。夜晚来临时，人们聚到一起，围到篝火旁，点燃熊熊火把，吹起芦笙调，跳起三跺脚，对歌比舞，共同庆贺节日。

哈尼历年节：每年十二月二十日为哈尼历年节，哈尼人会邀请各地宾客共庆节日。节日期间，哈尼人身着特色民族服装，举行祭祀、祈福、赶集、杀猪、舂粑粑、歌舞表演等活动，并把各家的肉食、粮食、烧酒等集中来，做成色香味美的佳肴，围桌而坐，共享团拢古宴，畅想美好未来。

丢包节：丢包是青年男女传情达意的媒介，每年正月初二、十五、十六，青年男女会聚集到平整场所，举行丢包活动。丢包活动形式多样，有男女成排对丢，有恋人相约到丢包场对丢，有女子相中对象，就将包抛给对方传情，还有女子择偶要求有意男青年负重等等。

瑶族盘王节：瑶族盘王节源自农历十月十六日的盘王节歌会。这天，瑶民汇聚一起，载歌载舞，纪念盘王。盘王节已逐步发展为庆祝丰收和青年男女以歌道情，寻觅佳偶的联谊会。

傣族泼水节：每年 4 月 13 日至 15 日是傣族的泼水节。节日期间，人们通过向客人泼洒圣洁的水滴，以示祝福。

此外，还有傣族的新米节、开门节、关门节，瑶族度戒、打斋、祭猎神、献谷秧，彝族叫魂、祭竜、陀螺节，苗族花山节等等。

玩家评语：丢包节，不用出国，可领略三国的民族风情，是江城旅游最不容错过的项目。如果一次错过了，下一次一定要补上，哪怕专程为了这一个节日去江城，也非常值得。

丰富的歌舞

江城各民族在长期生活实践中，创造了内容丰富的歌舞。庆祝节日、祈福、祝酒、传情、畅想美好生活、红白喜事样样都可表现在歌舞上。流传较久的曲调有酒歌、情歌、送亲歌、娶亲歌、哭丧调、迎子曲等，舞蹈有丰收舞、祭祖舞、送亲舞、歌颂舞、求亲舞、迎客舞、送客舞等。有影响的歌舞有哈尼族的《阿迷车》《嘎尼尼》《筷子舞》，彝族的《阿由色》《嘟哩类果利》等。

美食江城

江城美食名不虚传，江城美食不胜枚举，要知边地特色的江城风味，还是您亲口来尝一尝吧！在此特别向您推荐几道江城美食：

拌红（白旺）：杀猪时不停地用手在盆里搅动流出的猪血，直至血液凝固，然后将烧（炒）熟的猪瘦肉、猪肝切块，再配之笋干、芫荽、辣椒、姜巴、盐等佐料，并加入橄榄皮、嘎哩啰汁液与肉片、血浆拌合而成，吃时口上会粘满鲜红的血汁，有茹毛饮血的感觉，吃时要有胆量和勇气，否则难于下箸，所以又称为“男子汉的菜”。

粽香排骨：将猪排骨用佐料浸渍后与香糯米拌合，用粽叶包裹成卷，再用蒸笼蒸，吃时香味四溢，似粽非粽，既有猪肉的香味也有糯米、粽叶的香味。

青竹粉蒸肉：将五花肉切成薄片拌之米粉及调料，然后装入新鲜砍来的甜竹或香竹筒内，装在蒸笼里用文火蒸制，吃时清香爽口，使你在吃肉的同时也能品尝到竹子的清香。

大红菌煮鸡：大红菌含有丰富的蛋白质、碳水化合物、植物纤维、维生素、钙、磷、钾、铁等微量元素及多种人体不能合成的氨基酸。有“菇中之王”“南方红参”等美称，是天然营养佳品，色彩夺目、味道鲜美、风味独特，有生血补血、舒筋活络、追风消肿、去湿、抗癌、预防肝硬化、降低胆固醇等功效。

竹笋：江城境内生长有甜竹笋、弯竹笋、龙竹笋、白竹笋、紫竹笋、金竹笋、苦竹笋、刺竹笋、泡竹笋、离娘竹笋，这些竹笋嫩脆爽口，有甜有苦，煮、蒸、炒、舂、烧、腌、凉拌吃法各异，而用竹笋加工成的笋干、酸笋、压落笋又另具特色，让您能在无笋的季节也品尝到色鲜味美的竹笋。

野苦瓜：有减肥、降血脂、降胆固醇等功效。

烧芭：傣味烧芭是用芭蕉花配之肥瘦搭配剁细的猪肉，加上多种佐料用芭蕉叶包裹后烧制而成，您吃过吗？烧吃的花。

青苔蘸饭：傣家的青苔蘸糯米饭，是用清溪中石头上天然生长的青苔舂细后，用糯米饭蘸着吃。滑润清香，风味独特，能将您带入另一种神话般的美食世界，仿佛回到了神农时代，又似乎是进入了太空人的饮食行列。

酸蚂蚁凉拌：将树上的酸蚂蚁卵和白色幼蚁用开水烫熟后，加入盐巴、辣椒、芫荽、韭菜、芝麻沫等多种调料凉拌，是一道难得的美食。

茶叶炖鸡：清新爽口，油而不腻，补而不燥，既有鸡的鲜美，又有茶的甘香，有益气补虚、消食利尿、清心解毒等功效。

江城软米、香米

江城的软米、香米种类繁多、独具特色，颇有名气。其香软润口，软而不滑，饭冷不回生，有人说："江城软米饭，无菜也能吃三碗！"

亲口尝过江城的软米、香米饭，这种赞美你就不会觉得夸张了。

米中绝品——麻线米、大猫猫米。麻线米，色泽晶莹剔透，颗粒舒长，形似洁白长绵的麻线，故而得名。麻线米软而润口，伴有淡淡的清香，是舂制饵块的上品。大猫猫米是植物冠于动物名称的一种软、香米，因其稻壳上有类似老虎皮的扁担花纹而得名，大猫猫米软、香、润兼备，清香可口，堪称米中绝品。

米中珍品——三百籽、瑶家红谷。三百籽、瑶家红谷是红米中出类拔萃的软香米，米中含有丰富的铁、磷及维生素，有补血及预防贫血的功效，对营养不良、精神不振、夜盲症、脚气病、失眠等症状有治疗作用。三百籽又称山柏枝，米粒红润，是软香米中的珍品，素有"一家蒸饭一寨香，寨内蒸饭寨外香"的美誉；瑶家红谷，饭润口，软而有"筋骨"，越嚼越香，回味无穷。

米中极品——接骨糯。接骨糯是一种紫糯米品种，这种米在加工过程中产生的断粒，经过蒸煮后又会自动粘连形成完整的饭粒，其米粒可入药作接骨之用，故又称接骨糯。米粒细长呈紫色，素有"米中极品"之称，米中含有丰富的蛋白质、赖氨酸、色氨酸及铁、锌、钙、磷等人体所需的微量元素，米饭清香、油亮、软糯，营养价值和药用价值高，有补血、健脾、治疗神经衰弱、接骨等多种功效，据《本草纲目》记载：紫米有滋阴补肾，健脾暖肝，明目活血等作用。

米中奇品——天然植物色素米。除了自然形成的各色大米外，民间还有吃三色饭的习惯，用山紫草、家紫草、染饭花、玉米芯等植物的汁液浸泡米粒，然后蒸煮，使米饭的颜色变成紫色、紫红色、金黄色，这些天然的植物色素，香气诱人，消炎、清凉、解毒，同时使米饭色香味俱全，既营养又增加美感和食欲。

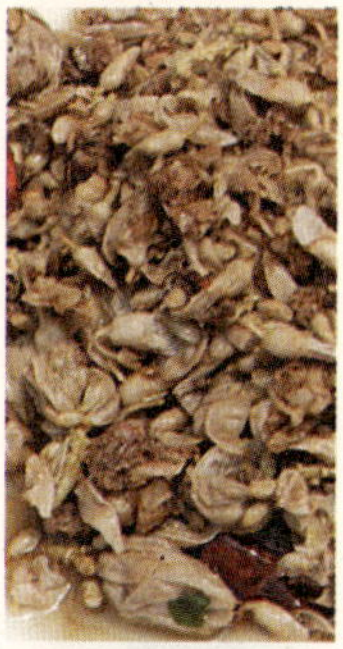

◎ 哈尼族的团拢古宴

团拢古宴是哈尼族逢年过节或接待宾客时，全寨人围团坐拢，共享丰收果实，祈求来年风调雨的晚宴，晚宴前会进行祭祀、歌舞表演。

团拢古宴菜系为哈尼族居住区自然生长的野菜、兽类、水产、饲养的畜禽等进行特殊加工的食品菜系。流传至今比较有名的有：嘎利勒煮鱼、红尾巴鱼煮酸菜、乳猪汤锅、干巴笋凉拌、牛烂炖、拌红（白旺）、野生菌、海船打酱、炒蕨菜、鸡肉稀饭、竹筒饭、竹筒煮鱼、油煎爬爬虫等。有时，还能遇到味道鲜嫩的麂子、野猪、山乌龟等野味。

◎ 傣味菜

傣味菜以整董傣族居住区的菜系品种为主。如：舂牛干巴丝、牛撒撇、江鱼、水香菜打酱、竹筒饭、油炸牛皮蘸酱、包烧等。最有名气的要算傣族的包烧了，用芭蕉、香芋、姜、砂仁等叶子，把腌制过的肉、猪脑、鱼、虾、蟹、爬爬虫、阿米虫、蛙、豆腐或其他食物包起来，配以各种香料，在火上慢慢烧烤。吃时香气扑面，尝一口，那鲜嫩的肉食中带有少许热辣，一入口便能感觉到只有热带、亚热带才会有的特殊韵味。

◎ 特色肉食

江城狗牛：顾名思义，如狗般大小的牛。江城草场宽阔，草质优良，长期沿袭着散养、放夜牛的习惯，江城黄牛体态娇小、肉丝细嫩、肉质好，价格坚挺，所以被称

为麂子一样珍贵的黄牛，牛肉吃法较多，以干巴最有名气。

冬瓜猪：冬瓜猪不喂配合饲料，是用粮食和青绿饲料喂养的一种生态猪，其特点是嘴尖耳小，皮薄肉嫩，全身体毛黑色，因个体小，形似冬瓜，故名冬瓜猪。冬瓜猪瘦肉多，肉质细嫩，味香可口，因而又称小香猪。

昆虫美食：油炸竹虫、蜂蛹、蚂蚱、红毛虫、爬爬虫、酸笋炒白虫、凉拌酸蚂蚁等等，不吃不知道，吃了忘不掉。

◎ 水产

江城的水产资源丰富，鱼类繁多，有面瓜鱼、长胡子鱼、蛇鱼、鲇鱼、青鱼、棍子鱼、红翅膀、白江鳅、马头鱼、秃嘴鱼、缺鼻子鱼、豹子鱼、红尾巴鱼、团鱼、虾、蟹、螺等，不但名称怪异，味道更是独特诱人。

◎ 野菜

江城优美的自然生态环境，为人们提供了丰富的美食资源，随着人们生活水平的提高，种类繁多的野菜也变成了餐桌上的珍宝。俗语有“但绿是菜”的说法，在江城，许多植物的根、茎、叶、花、果实、种子既是菜又是药，均可做成一道道色香味美的美食，起到药食同源的功效，能让您充分品味大自然带来的美餐盛宴。

吃茎根的有红蒜、古灯根、鸡刺根、鲇粘粘、芭蕉芯、棕榈芯。

吃叶的有江边大树甜菜、龙爪菜、刺五加、马蹄叶、地石榴、水香菜、秧鸡菜、香藤菜、犁板菜、鸡肚子菜、马蹄叶、树头菜、苦藤叶、苦凉菜、象耳朵叶、马蹄叶、刺菜、吊叶等。

吃花的有白藤花、大白花、灯笼花、喇叭花、芭蕉花。吃果的有海船、油瓜、野苦瓜等。

野生菌：江城可食用、药用的野生菌资源丰富，有灵芝、木耳、白参、香菌、鸡纵、蚂蚁骨堆菌、大红菌、奶浆菌、喇叭菌、牛肝菌、干巴菌、扫把菌、马屁泡、青头菌、火炭菌、辣菌、树花等等。

江城美味特色餐饮

名　称	电　话	地　址	特色菜
★ 鑫隆酒家	13887968088	江城县康平乡桥头河（思江路康平乡大桥 1 公里坡头）	小红尾巴鱼酸菜汤、油炸蜂蛹、黄牛肉汤锅、曼老江长胡子鱼
★ 会友山庄	15925273779	江城县勐烈镇垛坝村加油站	棕香排骨、手撕牛干巴丝、生态小河虾、野生喇叭菌、黄焖鲇鱼
★ 云飞食宿店	13466183557	江城县整董镇蔓景路 14 号	蘸水毛肚、酸牛皮、烤鱼、包烧芭蕉花
★ 老憨饭店	0879-3727885	江城县勐烈东路	向阳花开、牛肉冷片、牛肉干巴、正宗黄牛肉汤锅
★ 新农村第二家	13769943468	江曲路麻栗树新农村（江曲路县城边）	洋地笋煎饼、春黄牛干巴、白斩鸡、李仙江生态江鱼、腊肉干板菜

“★”为市级特色餐饮店、农家乐

“★”为县级特色农家乐

住在江城

星　级	名　称	电　话	地　址
★★★	金一水酒店	0879-3728888	江城县绿苑路
★★	花园酒店	0879-3727188	江城县勐烈大街
★★	华泰酒店	0879-3727777	江城县绿苑路
★★	阚四酒店	0879-3721054	江城县勐烈大街
★★	鑫宏大酒店	0879-3723168	江城县联谊路
★	圆缤酒店	0879-3722011	江城县勐烈大街
★	锦江宾馆	0879-3721877	江城县绿苑路
★	龙马酒店	0879-3721677	江城县绿苑路
★	银丰宾馆	0879-3726426	江城县滨河路
★	兴客隆宾馆	0879-3723611	江城县民族街
经济型	江城曼城商务酒店	0879-3812111	江城县三江大道东城区三国贸易城越南区一栋

三弦一响脚就
痒的地方

景东

景东距省会昆明487公里，距普洱市政府所在地261公里，土地面积45.32平方公里，拥有无量山和哀牢山两个国家级自然保护区，总面积为52.7万亩；流传着丰富多彩的民族民间文学和民族歌舞；还有神秘奇特的原始森林风光，全县森林覆盖率70.51%。2013年全县人口36.66万人，境内居住着汉族、彝族、哈尼族、傣族、布朗族等26种民族，世居民族有14种，其中彝族人口占总人口的比率为42.44%。景东是云南省6个纯彝族自治县之一。

旅游咨询电话：0879-6228001

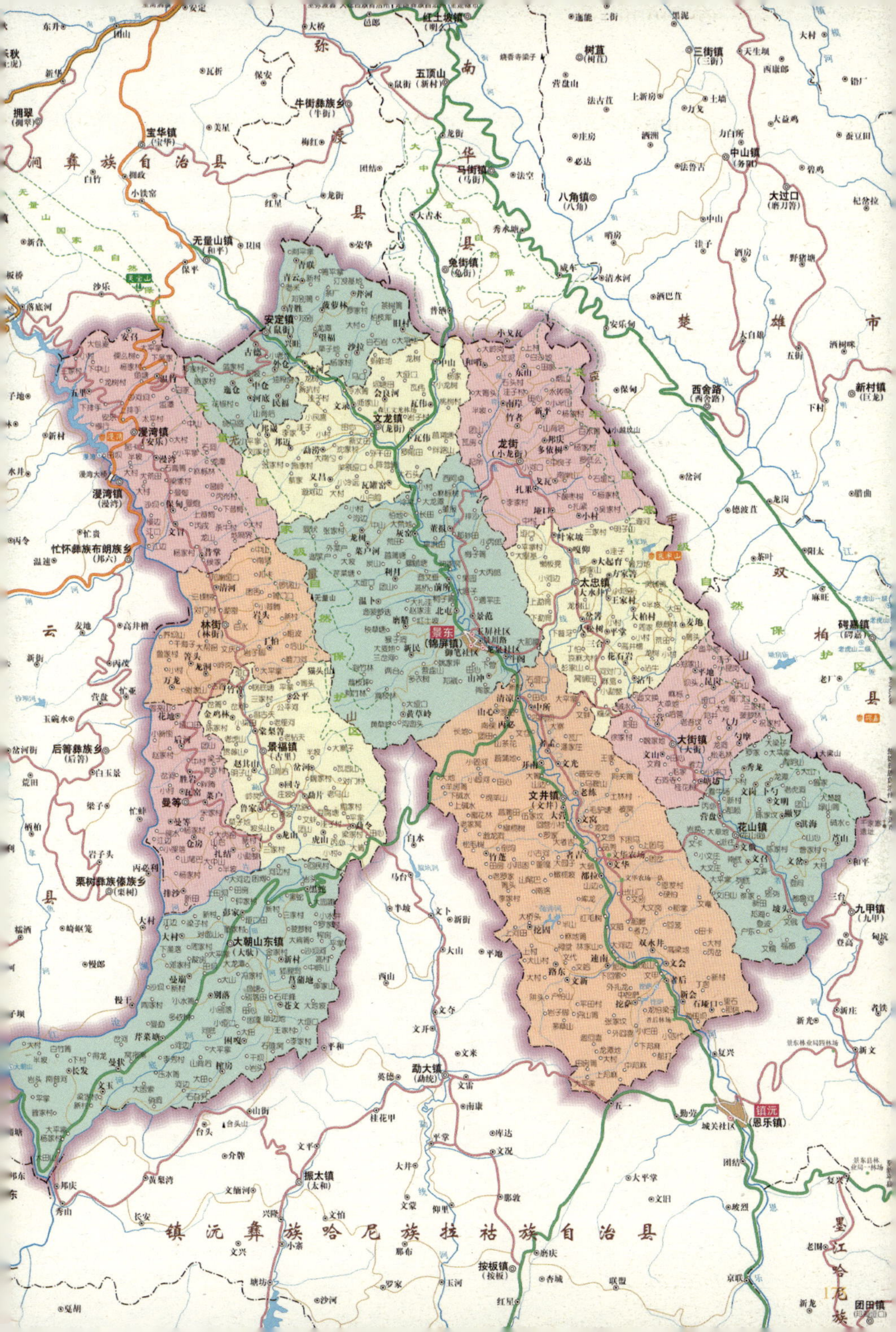

景东
(锦屏镇)
玉屏社区
龙岗社区
御笔社区
锦屏镇
安定镇
(鼠街)
文龙镇
(龙街)
龙街
(小龙街)
太忠镇
(大水井)
大街镇
(大街)
花山镇
文井镇
(文井)
林街
景福镇
(古里)
曼等
大朝山东镇
(大崃)
漫湾镇
(安乐)
漫湾镇
(漫湾)
忙怀彝族布朗族乡
(邦六)
后箐彝族乡
(后箐)
栗树彝族傣族乡
(栗树)
无量山镇
(和平)
宝华镇
(宝华)
牛街彝族乡
(牛街)
马街镇
(马街)
兔街镇
(兔街)
红土坡镇
(明乡)
五顶山
(新村)
树苴
(树苴)
三街镇
(三街)
中山镇
(务阳)
大过口
(磨刀箐)
八角镇
(八角)
西舍路
(西舍路)
新村镇
(巨龙)
碍嘉镇
(碍嘉)
九甲镇
(九甲)
勐大镇
(勐统)
振太镇
(太和)
按板镇
(按板)
镇沅
(恩乐镇)
团田镇
拥翠
(拥翠)
南涧彝族自治县
弥渡县
南华县
楚雄市
双柏县
云县
镇沅彝族哈尼族拉祜族自治县
墨江哈尼族
无量山国家级自然保护区
大中山省级自然保护区
哀牢山国家级自然保护区

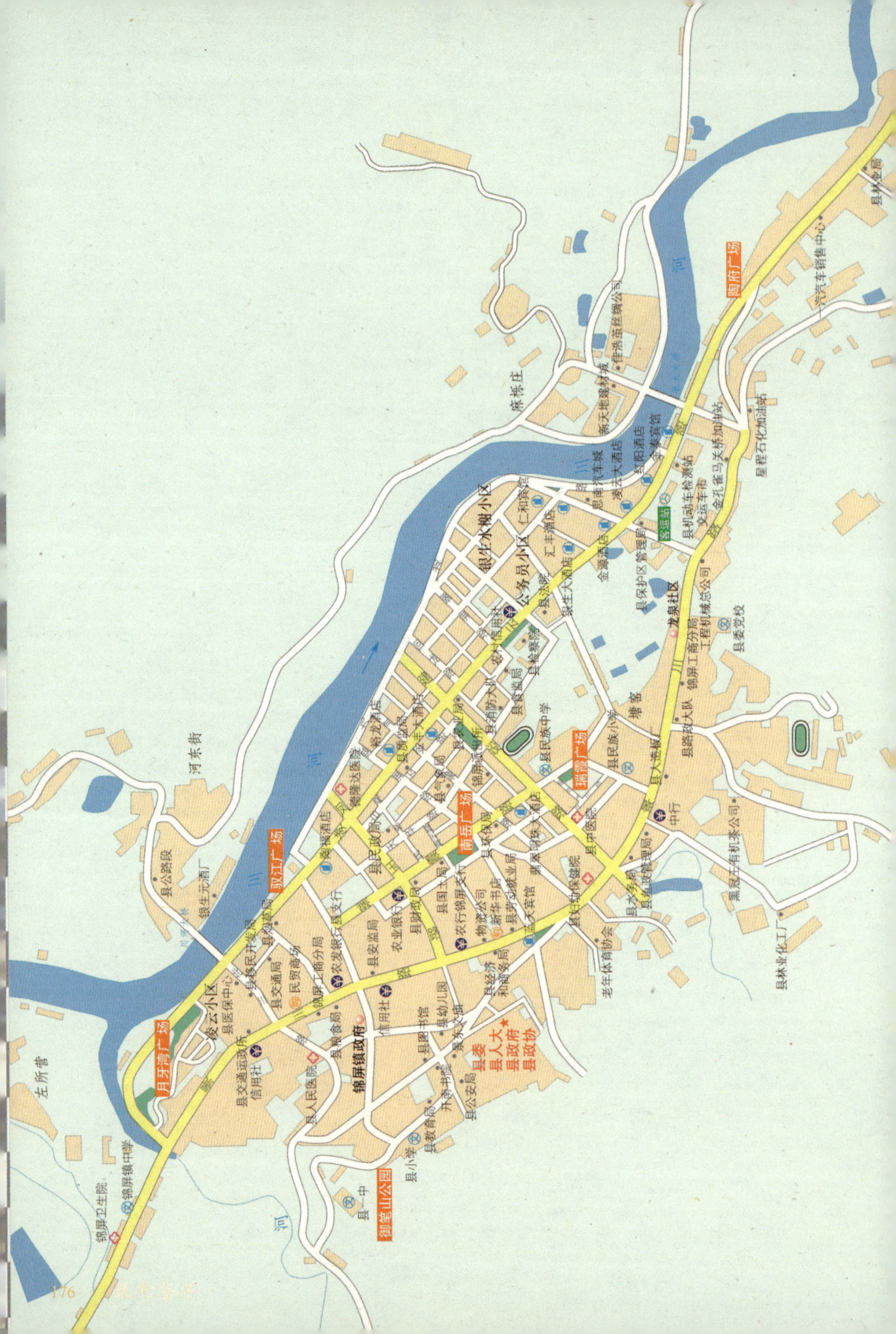

陶府广场
汉江广场
月牙湾广场
南岳广场
瑞霞广场
御笔山公园
县委
县人大
县政府
县政协
锦屏镇政府
银生水榭小区
公务员小区
龙泉社区
凌云小区
客运站
县林业局
一汽汽车销售中心
星程石化加油站
金孔雀马关桥加油站
县机动车检测站
交运车市
佳浩运输公司
新天地建材城
思南汽车城
凌云大酒店
红阳酒店
李家宾馆
仁和宾馆
汇丰酒店
金源酒店
县保护区管理局
工程机械总公司
县委党校
锦屏工商分局
县路政大队
县人造板厂
中行
县民族小学
县民族中学
县中医院
县林业化工厂
县公路段
银生元酒厂
河东街
席家庄
左所营
锦屏卫生院
锦屏镇中学
县一中
县小学
县教育局
县公安局
县人民医院
县粮食局
信用社
县交通运政所
县医保中心
县移民开发局
县交通局
民贸商务
锦屏工商分局
农发银行县支行
县安监局
农业银行
县财政局
县国土局
物资公司
新华书店
县劳动就业局
县图书馆
县幼儿园
老年体育协会

景东历史源远流长，是滇西南的历史文化名邦。唐代南诏时期，曾在今景东县文井开南设置开南节度。公元 794 年撤开南节度在今景东县城设“银生节度”，建筑银生城，疆域包括今临沧市大部，普洱、西双版纳全部，泰国景迈、老挝丰沙里、越南莱州、缅甸景栋等地，是南诏疆域最广阔的节度。同时，“银生节度”还是南诏时期的南方贸易重镇，其最大的贸易商品就是茶叶。唐代学者樊绰在《蛮书》中曾记录到：“茶出银生城界诸山，散收，无采造法，蒙舍蛮以椒姜桂和烹而饮之。”“蒙舍蛮”指的是今天景东彝族的祖先；“银生城界诸山”，指川河两岸的哀牢山和无量山。由此可见，景东先民不但为后人发现了“国饮”，而且开创了悠久的茶文化历史，也正因为如此，景东被誉为“银生古城”。依据历史渊源，在唐代时期，景东就是南诏国的一部分，深受中原文化和南诏文化的影响。到了近代由于行政区划，景东才划归为思茅辖区。

景东的民族文化灿烂辉煌，风情浓郁，风俗淳朴。近两千年的时间内，以“重道崇儒，实行教化”为核心的中原文化，源源不断的与景东各少数民族联结、交融、渗透，孕育出了多姿多彩、特色鲜明的民族民间文化。景东拥有国家级重点文物保护单位文庙和卫城遗址、林街清真寺、陶府遗址 3 个省级重点文物保护单位。

景东有着异彩纷呈的民族民间文化，有用笛子、芦笙、三弦乐器伴奏的“三跺脚”“赞歌”“合脚歌”等彝族歌舞；有忘情劳动，渴望丰收的“开厩、出犁、架担、驶牛、解担”五部曲牛歌；有扭扁担、叫牛魂、彝族大帮腔、石龙鼓舞、者干绵纸、彝家煳米罐罐香茶艺、跳菜、跳秋歌、指哨、吹叶子等独特的彝族风俗。

景东县已获得世界吉尼斯认证的在三弦广场上“最大型三弦雕塑”和 2012 年 10月在首届景东国际无量山狂欢节上举行的“最大型万人合奏三弦曲活动”，是两张反映景东三弦文化的名片。景东是名副其实的“三弦一响脚就痒的地方”。

景东山川秀丽，风光迷人。神奇的无量山，隽秀的哀牢山，深藏着无数鲜为人知的自然胜景，醉倒了无数的文人墨客。“两山逶迤三秀水”是对景东自然环境最为生动的概括。无量山和哀牢山两个国家级自然保护区，东西对峙，莽莽苍苍的原始森林，形成了景东天然的绿色宝库；澜沧江、把边江和者干河，环绕两山奔流不息，和无数的溪流涧泉一起，构成了永不枯竭的生命源泉。优越的自然环境和良好的气候条件，是各种生态植物、野生动物和农作物生长的温床；独特的自然条件及千百万年大自然的默默积淀，为景东孕育了一处处精美绝伦的自然精品：险峻奇美的无量诸峰、羊山大瀑布、大自然之精灵——黑冠长臂猿、世外桃源黄草岭、高山明珠杜鹃湖、鬼雕神塑景东土林、妙趣横生者后仙人寨、静谧安怡的川河田园风光和漫湾、大朝山电站的百里长湖景观。

全县共有大小景点 265 个，其中重要景点 25 个，现已开发建设完成向游客开放的景点有 4 个，其中 AA 级景点 1 个。

旅游咨询电话：0879-6228001

景东的核心景点，无疑是无量山。无量山之神奇优美，比之许多闻名全国的大山名川有过之而无不及，有奇峰，有飞瀑，有幽谷，有深涧，有秘洞，有怪石，有异花，有传说，有历史，唯一缺少的，就是宣传。幸好，有一本《天龙八部》，让世人略知一二。

出发——去景东

公路线路

在元江至思茅高速公路的臭水出口下，然后拐上往镇沅的 107 公里三级公路，从镇沅到景东约为 70 公里三级公路。

旅行社

景东无量山旅行社
电话：0879-6220910
昆明康辉永辉旅行社景东分社
电话：0879-6365898
普洱金孔雀国际旅行社景东分社
电话：0879-6220831

鬼斧神雕，千姿百态问苍天
——景东土林

景东土林，为云南四大土林之一（元谋土林、永德土林、南涧土林），是千百年以来大自然鬼斧神工造就而成，是个险峻奇伟、壮观瑰丽的神话世界。景东土林是土柱与植被组合构景，土林簇拥在树木、花草之中，景观层次更为丰富。

景区面积约 1 平方公里，整个土林错落有致地分布在两条肘形山体上，是千百年以来大自然造化的结果。土林周围环境优美，林木葱茏，东靠哀牢山，西看川河坝，有青松、橄榄及各种花鸟点缀其间，而且象形化程度较高，处在象与非象、亦真亦假之间，是一处不可多得的自然景观。

地理位置：景东县文井镇
交通情况：文井镇距离景东县城约 20 公里，在从镇沅到景东的途中。从文井镇到景点约有 2.6 公里的柏油路
门票价格：无门票

大自然，是一个伟大的艺术家，在这里，它把大地变成了变幻的雕塑、立体的诗歌。不要听导游说这像什么那像什么，大胆地发挥自己的想象，你说它是什么，它就是什么，没有人敢说你错。

玩家点评

碧水清幽 高山明珠
——杜鹃湖

杜鹃湖，原名徐家坝水库，位于景东县城东部海拔 2500 米的哀牢山之巅，是 20 世纪 50 年代景东人民为灌溉哀牢山下万亩良田而修建的一座高海拔人工湖。因水库四周有各色大王杜鹃开放，故名杜鹃湖。

如今的杜鹃湖，虽然它引水灌溉的主要功能并未退化，但它早已褪去了人工雕凿的痕迹，如一颗绿色明珠镶嵌在哀牢山顶。杜鹃湖汇集大地的乳汁、生命的源泉、森林的血液而成，清澈透明，宁静幽深。湖的四周，是世界上保存最完好的原生态亚热带山地湿性常绿阔叶林，和成林成片的杜鹃花，老树、枯藤，翠竹、山花、蓝天、白云，清晰地倒映湖中，如一幅意境深远永不褪色的中国山水画。偶尔几只野鸭轻轻游过，几声猿啼幽幽传来，这时，它又像一首歌，一首大自然之精灵合奏的天籁之音。荡舟湖中，用手触摸那清冽冰凉的湖水，用心吮吸那纯净芳香的空气，让人心如止水，陶醉如仙。

玩家点评

秋天，黄花荒草，古木苍藤，阴翳遮天。春天，杜鹃满山，微风簇浪，香远无边。“水光潋滟秋方好，花色缤纷春亦奇。若把此湖比语嫣，无需大理问段誉”。

景东文庙
开南书院

地理位置：位于景东县玉屏路
交通情况：步行即可到达
门票：无

景东文庙是国家级重点文物保护单位，是滇西南保存最完整的孔庙之一，它始建于清康熙二十一年（1682 年），总面积 5292 平方米。文庙整座建筑为中轴对称的多级台阶庭院式建筑群。它坐落于景东老城中心地段，背靠巍巍无量山，面临滔滔川河水，五条蛟龙朝圣人，一只采凤拜先师，自然景观十分优美。在古梅、苍松、翠柏的衬托下，更富有诗情画意。

清康熙四十年（1701 年）建的“开南书院”是景东教育历史上办院时间最长、规模最大、成就最高的书院，培养了许多有成就的人才，在滇西南书院群体中有较高的知名度。

开南书院建立后，在历史的风风雨雨中，历经多次变迁，直至光绪三十一年（1905 年）三月，继任景东直隶厅同知郑鼎缨把开南书院房屋附入黉宫（今文庙），财产提作厅立高、初两等小学堂和筹办中学堂的经费。至此，建院 204 年的开南书院随着科举制度的废除和清王朝的衰亡而最终被荒废了，但在景东文化教育史上，开南书院留下了厚重的一笔。

因为交通原因，地处偏僻的普洱地区，普遍受汉文化影响比较少，像景东这种大规模的文庙非常罕见。据说，进去拜拜孔圣人，能保佑考生妙笔生花，文运亨通。

神奇无量山

玩家点评

大多数人认识无量山，是缘于金庸先生的武侠小说《天龙八部》。在《天龙八部》中，段誉随普洱茶商马五德来到无量山，误入无量剑湖宫，进入石洞看到神仙姊姊塑像，练成“凌波微步”……出景东城10公里，你就会进入金庸笔下云雾缭绕的江湖，进入刀光剑影的南宋。

大多数人认识无量山，是缘于金庸先生的武侠小说《天龙八部》。在《天龙八部》第一部，段誉随普洱茶商马五德来到无量山，误入无量剑湖宫，进入石洞看到神仙姊姊塑像，练成“凌波微步”。

初到无量山的人，一下子就会被它吸引，它是那么雄、奇、险、秀，正如清代诗人戴家政在《望无量山》中写道：“高莫高于无量山，古柘南郡一雄关。分得点苍绵亘势，周百余里皆层峦。嵯峨权奇发光泽，耸立云霄不可攀。”无量山，绵延百里，雄奇险峻。古代，由于交通不便，多少过往客商因山高而被阻。今日，无量山通车里程有限，去有些偏远的山寨还需步行。正因如此，无量山还是一座“藏在深闺人未识”的神秘大山。它具有独特的立体气候，所以保留了极为丰富的动植物资源，是国家级自然保护区，藏着无数鲜为人知的自然美景。

玩家点评

山形水况，与金庸笔下的无量剑湖并无二致，更巧的是飞瀑后面是一紫黑色的光滑如镜的巨大石壁，石壁反射湖中倒影，如《天龙八部》所述，常常有挥剑飞舞的人影，神幻迷离。唯一的遗憾，这里至今没有发现各门派的武功秘籍，还有神仙姊姊。

无量胜境之最具观赏性景点是无量玉壁。

金庸《天龙八部》中的主人公段誉到无量山所见之神秘大瀑布和大湖，给读者留下深刻的印象。究竟无量山有没有这样的地方，我们还是到羊山瀑布看看。位于景东县景福乡岔河上游的羊山瀑布，是无量山中的一块壁玉。只见高耸的崖壁上，一条玉龙飞流而下，碎玉喷珠，大气磅礴。蛟龙入深潭，形成一个清凉的大湖。瀑布四周植被茂密，云气氤氲，绿树苍翠欲滴，那是人间少有的绿，那是无量山之绿。飞瀑后面是一紫黑色的光滑如镜的巨大石壁，石壁反射湖中倒影，常常有挥剑飞舞的人影，神幻迷离。莫非这就是金大侠笔下的“无量剑湖”和“无量玉壁”？眼前的羊山瀑布和金庸笔下的描写惊人地相似。我们不得不佩服金大侠的神来之笔，更要感激大自然的神奇造化。

黑冠长臂猿观测站

地理位置：距景东县城75公里，位于景东县景福乡岔河村大寨子

无量胜景之最具探险性景点：大寨子寻觅黑冠长臂猿踪迹。

黑冠长臂猿系国家一级重点保护珍稀濒危动物。目前世界上只在海南大黑山和景东无量山发现。海南仅有19只，景东无量山自然保护区有500只左右。因此，景东也被称之为“中国黑冠长臂猿之乡”。黑冠长臂猿是一种神秘而高贵的动物，它们长相奇特，成年雌猿金黄色，仅头顶、胸腹遗留黑色，成年雄猿纯黑色，头顶部毛向上生长，形似黑冠，故而得名。它们终年生活在树上。其生存环境必须是古木参天、人迹罕至的原始森林，一般只在晨昏活动，极其机敏，一有风吹草动即遁入密林中，很少有人能看到它们。它们清晨会发出悦耳动听的叫声，犹如来自林海的天籁之音；它们是茫茫原始林海之魂，来无考证，死不见尸，这至今仍旧是一个未解之谜。观测长臂猿最好的地点是景东县景福乡岔河村大寨子，但是很难看到黑冠长臂猿的身影，多数人只能听到它清脆的叫声。可越是看不到的，就越有吸引力。

无量胜景之最具人文性景点：营盘山古战场遗址。

营盘山位于景东者后乡文新村后，当地老百姓又把此山叫作“仙人寨”。营盘山属无量山系，人称“小黄山”。山上奇峰突起、怪石林立、苍松竞秀；每到春夏之交，满山遍野开满了白色的杜鹃花，煞是好看。这如诗如画的险峻之地，在清代却是李文学农民起义（系太平天国的后续起义）军副帅田四浪的驻军营地，他们凭此天险与清军展开了激烈的对抗。

烽烟散尽，这里无数奇峰峻岭、壑谷连向远方，深邃的松林布满峰岭谷内，清风徐徐入林，松涛声震数里之外，犹如千军万马嘶鸣，犹如两军对垒厮杀，犹如乐队合鸣，使人的喜怒哀乐之情也随大自然的松风翠涛而变，仙人寨松涛实在迷人，不可不听。在仙人寨，怪石奇峰很多，其间生长着苍翠挺拔的松树。有的傲立绝壁，有的长于石顶，有的盘根错节斜向空中。有石便生松，有松便踞石，石依松，松立石，棵棵苍劲挺立、石石陡峻各异，奇石苍松之旁密布云霞似的杜鹃、山茶。茶花映衬青松，青松点缀漫山红霞，漫步登高仙人寨，赏鲜花，观奇树，看怪石，可以赏心悦目，流连忘返。

黄草岭位于国家级自然保护区——无量山自然保护区的边缘地带。景区内山川地貌壮观、密林如海、流泉飞瀑、鸟语花香、天象奇景、猿声连绵，可谓美不胜收，风光无限。在这里人们可尽享森林浴的美妙，享受大自然的清新。黄草岭村民居主要以石板房建筑为主，别具一格。是景东县境内最引人入胜的三处自然风光之一，可谓之“世外桃源 ”。

黄草岭很适合开展户外运动。

徒步推荐：从黄草岭村出发，徒步 13 公里穿越无量山温带原始森林，到达一片七八百亩的大草甸，景色相当迷人，在每年的 3 月间，各种野花争相开放，犹如来到了一个童话的世界。再穿行约 6.7 公里，就能到金庸小说《天龙八部》里的无量剑湖了。

景东无量山狂欢节

“三弦一响脚就痒，调子一唱心就想”。景东，是一个三弦一响脚就痒的地方，爱唱、爱跳、爱玩、爱闹的景东人，充满了浪漫民族风情。2012 年 9 月 30 日至 10 月 3 日，首届景东国际无量山狂欢节成功举办。结合“生态立县，绿色发展”，狂欢节充分展示了景东民族文化和绿色文化。7979 人合奏三弦，并成功申报“最大型三弦合奏”吉尼斯世界纪录。在三弦文化广场上，高 21.73 米。具有景东彝族特色的大三弦雕塑，已成功获得吉尼斯世界纪录认证。在节日期间，景东县还举办了长臂猿国际学术研讨会，第二届中国土司制度与边疆社会国际学术研讨会等学术会议；举行无量山翻越挑战赛、花山攀岩大奖赛等体育赛事；此外，还有斗鸡、吃梨、对歌、扭扁担、爬滑竿等各种传统民族竞技活动。景东无量山被授予“云南省登山户外运动训练基地”，景东花山被授予“云南省攀岩运动训练基地”。景东无量山狂欢节每两年举办一次。其他富有民族特色的节庆还有火把节等。

其他景点、景观

景东卫城遗址

地理位置：在县城内
交通情况：步行即可到达

景东卫城遗址位于景东县景东一中，属省级重点文物保护单位，是云南省内仅存的四座明代卫城遗址之一。现仅存断断续续的城墙和南门，原有东南西北四门，目前保存完好的有南门门堡及南部残墙，距今有六百余年的历史。据载，卫城修建于明朝洪武二十三年（1390年），城墙依山而建，周长5000米，时为景东傣族世袭土司俄陶旧宅。明洪武十八年（1385年），麓川土司思伦发叛乱，出兵攻打景东，俄陶战败后逃避大理弥渡后，呈请明军神策卫守护景东，俄陶让宅屯兵，故名卫城。

玩家评语：是非成败转头空，城墙依旧在，几度夕阳红。

清凉响水古村

地理位置：距离县城13公里，土路2公里

清凉响水古村由于历史传统建筑长期以来受到的破坏相对较少，村中的道路至今大多仍为石板与青砖原貌，保存着一定数量、装饰精美、富有地方特色的古建筑，保存着较为完整的传统街巷风貌，古村风貌保存状况较当地的其他地方要好，较好地反映了当年古村富庶的经济状况和淳朴的民风民俗，是普洱目前规模最大之一、保护较好、艺术价值极高的古建筑群，具有较高的历史、文化、艺术和科学价值，具有较高的旅游开发前景。村里有潺潺流水，村后有青山叠翠，村中房屋青砖黛瓦，飞檐翘角，环境优美，民风淳朴，具有深厚的地方民俗人文底蕴、乡土建筑文化气氛。

玩家评语：这是一个很容易让人想到故乡、童年、外婆、邻家小妹的地方。

御笔山公园

地理位置：位于县城边缘

御笔山最初叫“景董山”，傣语意思是城边美丽的山。御笔山公园坐落于县城川河坝子边缘，山形秀丽，挺拔如垒，右边紧临景东陶氏土司时代卫城，文化气息浓郁，是休闲、康体旅游胜地。沿人工石板路拾级而上，阵阵山风吹来，荡尽心中凡俗污秽之气，满眼红花翠竹，凝霞滴玉，花香沁人心脾。伫立山顶，极目远眺，郁郁葱葱的森林尽收眼底，而川河则似一首清新秀丽的田园诗，静静流进川河坝子。

孔雀山森林公园

地理位置：位于孔雀山，距县城6公里

孔雀山因有孔雀而得名，孔雀山森林公园中林木葱茏，古木参天，翠竹丛丛，袅娜多姿，令人心旷神怡。县级文物——凌云塔为六角形密檐式七级空心砖塔，通高23米，每层中央均有佛龛，是景东县著名的三塔之一。2003年对凌云塔进行了修复，修建了部分基础设施。一条宽数十米长数百米的银色大道横卧在孔雀山上，犹如一条巨龙，气势恢宏，震撼人心，令人兴奋。凌云塔重放光芒，焕发出昔日的风采。

玩家评语：这里的山是无声之旋律，有色之音乐，起伏跌宕，意境悠远。

购物景东

景东核桃

景东核桃具有悠久的历史，所产的核桃集无量山、哀牢山独特的自然优势，果大肉肥，属云南核桃类中的优质产品。

景东南国天然保健饮品厂生产的“郝思嘉牌”天然核桃乳，富含人体所需的18种氨基酸、植物蛋白、植物脂肪、多种维生素和微量元素等，色、香、味俱全，洁白诱人，口感醇甜爽净，香气幽雅清馨，该产品具有明目益智、强身健脑、固精润肺、乌发美容、抗心衰等多种功能。

无量山普洱茶

无量山国家级自然保护区是云南茶的原产地之一，早在唐代就有“茶出银生城界诸山，散收无采造法，蒙舍蛮以椒姜桂和烹而饮之”的记载。无量山乔木普洱茶茶面条索肥壮、外观油润泛光、银毫密布、表里如一，汤色栗红，晶莹透亮，入口滑润，滋味醇厚，浓郁回甘，香醇气正且持久。福村梅记无量山乔木普洱茶精选云南无量山高海拔2000米以上古茶树为原料，依传统工艺晒、蒸、压制而成。无量山乔木普洱茶是历史悠久的云南特有的地方名茶。

小黄饼

小黄饼，别名叫“五分饼”，20世纪六七十年代用五分钱、一两粮票可以购买一个黄饼而得名。小黄饼用无量山和哀牢山高海拔地区的小麦粉、川河与者干河生产的红糖两种食材料辅以小苏打、无量山纯净水，经过彝家传统工艺精制而成，富含人体所需的糖类、蛋白质、脂肪、多种维生素和人体所需的微量元素，不添加任何防腐剂，健康生态，是景东地道特色小吃之一。小黄饼具有“金黄、酥软、沁香”等特点，吃起来酥软可口，以价廉物美而著称，长期以来深受广大消费者的喜爱，是居家旅游馈赠亲朋好友的最佳食品。2013年11月，在东航云南有限公司举办的“东方魅力·云南风情”特色美食品鉴活动中，景东糕点厂生产的小黄饼成功入围，并获得“东航云南航空美食推荐通行证”资格。

景东美味特色餐饮

跳菜：会跳的菜吗？！

跳菜，是景东彝族一种独特的上菜方式。到开宴时，由号班大师傅发大号，后发长号，接着上菜，开始表演跳菜，上菜人右手掌举着掌盘，左手挥手毛巾，并与下菜人密切配合，踏着热烈欢快的唢呐旋律节奏，翩翩起舞。

名　称	电　话	地　址	特色菜
★ 陶家园	13988118135	景东县斗阁加油站旁	椰子炖鸡、油炸三线、石头蛋、傣味喙帅、爱伲手抓饭
★ 乡回城	13628791668	景东县城	木瓜鸡、傣家手撕鸡、稀稀粉、珍珠圆子
★ 无量山火腿鸡	13769211111	景东县城	菊花鸡椎、火腿木瓜鸡、爬爬虫、无量山火腿
★ 宾临农家乐	13887948448	景东县孔雀山脚下	黄鳝面、腌肉、蒸鱼
★ 春光休闲农庄	13578199976	景东县前所大坝桥	血鸽、相遇火腿、笋饺、清蒸鱼、怀胎鸡
★ 景赢山庄	13887990499	景东县电视转播台生活区	辣生炖鸡蛋、三七粉炖鸡、酸笋蒸脑花、笋饺、油炸三线
★ 西山农家园	13577969299	景东县北屯村西山脚	火腿煮杂菜、凉拌肝参、牛杂小炒、泡菜鱼片、青椒辣子鸡
★ 北屯休闲农庄	13987900989	景东县北屯村	烤乳猪
★ 军长黄鳝面	13577927989	景东县凌元路	黄鳝面、蒸饺、炒面
★ 景东绿岛农庄	13887975007	景东县城南森工局旁	绿岛叫花鸡、绿岛排骨、绿岛生态清蒸鱼
★ 望城坡桥富农庄	13577926312	景东县景屏镇望城坡	烤鱼、烤肉、清汤鸡
★ 苏大妈	13987926484	景东县斗阁胥家营	炒豆腐渣、黄焖鸡、凉拌豆腐、凉拌三丝

“★”为市级特色餐饮店、农家乐　“★”为县级特色农家乐

住在景东

星级	名称	电话	地址
★★★	金丰大酒店	0879-6222266	景东县城凌云路74号
★★★	翡翠明珠大酒店	0879-6224951	景东县城银生路23号
★★★	银生大酒店	0879-6226877	景东县凌云路83号
★★	南洋河酒店	0879-6220933	景东县凌云路
★★	凌云大酒店	0879-6239399	景东县凌云路85号
★	锦凤宾馆	0879-6225768	景东县城凤御路48号
经济型	皇马酒店	0879-3029333	景东县凌云路36号

无量宝地
佛迹仙踪

景谷

景谷，古称“勐卧”，意为有盐井的平坝。素有“林海明珠、茶祖之源、芒果之乡”的美誉。景谷傣族彝族自治县位于无量山西南侧，澜沧江以东，云南省普洱市中部偏西。地跨东经 100° 02' ~ 101° 07'，北纬 22° 49' ~ 23° 51' 之间，北回归线从县城附近通过，总面积 7777 平方公里，森林覆盖率达 74.7%，是云南省第四大面积县。属于典型的南亚热带地区。是一个多民族聚居的傣族彝族自治县，境内居住着汉、傣、彝等 26 个民族，各民族相互交融，多元文化相融共居，构成了景谷独特的地域文化和纯朴的民风民俗。

旅游咨询电话：0879-5220018

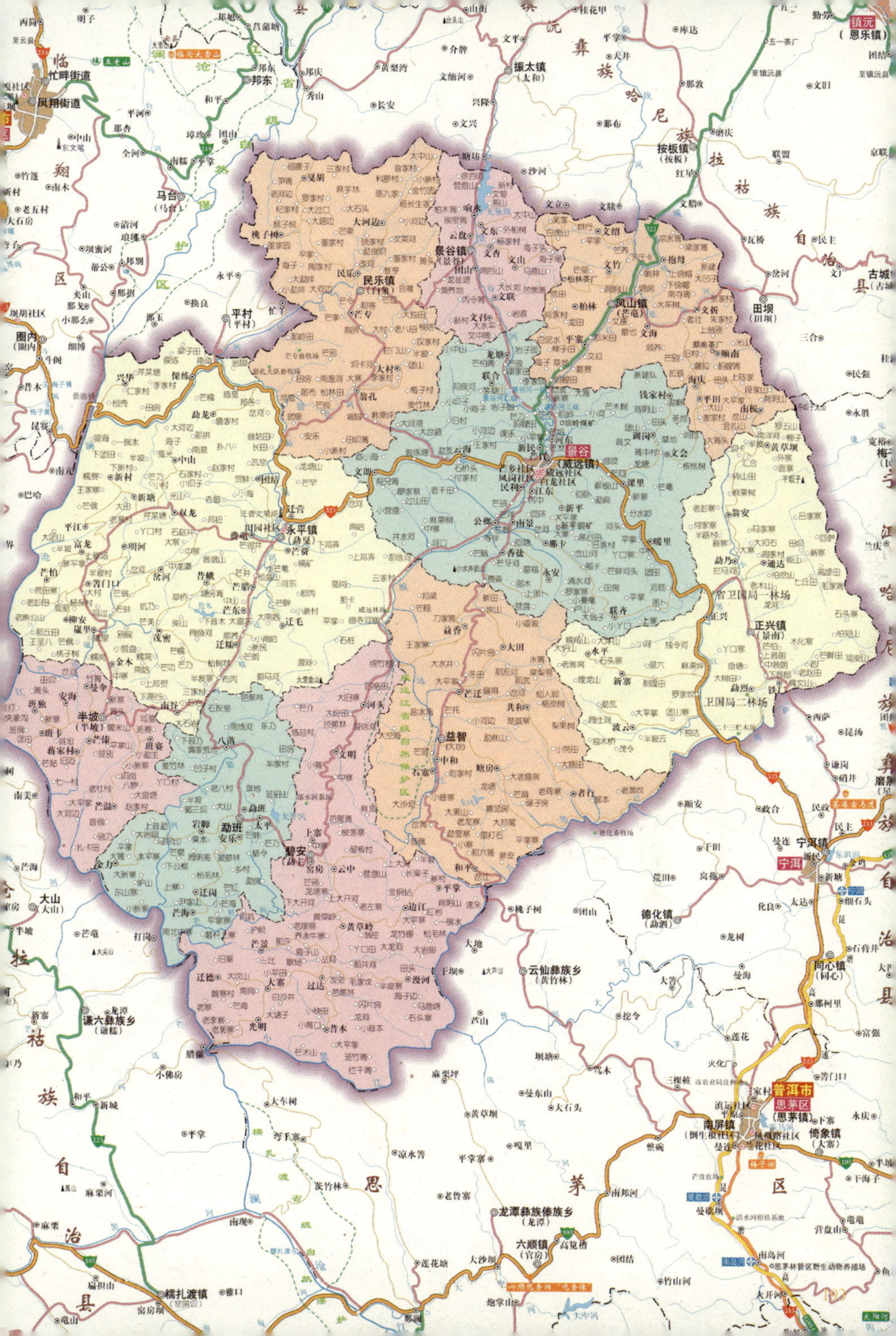

景谷
(威远镇)
永平镇
(勐戛)
景谷镇
(景谷)
民乐镇
(民乐)
凤山镇
(芒竜)
正兴镇
(景南)
益智
(大园)
半坡
(半坡)
勐班
碧安
(勐主)
宁洱镇
宁洱
普洱市
思茅区
(思茅镇)
南屏镇
倚象镇
(大寨)
德化镇
(勐泗)
同心镇
(同心)
云仙彝族乡
(黄竹林)
龙潭彝族傣族乡
(龙潭)
六顺镇
(官房)
糯扎渡镇
谦六彝族乡
(谦糯)
振太镇
(太和)
按板镇
(按板)
田坝
(田坝)
马台
(马台)
平村
(平村)
邦东
圈内
(圈内)
忙畔街道
凤翔街道
镇沅
(恩乐镇)
省卫国局一林场
卫国局二林场
临
翔
区
江
城
自
然
保
护
区
镇
沅
彝
族
哈
尼
族
拉
祜
族
自
治
县
思
茅
区

景谷茶厂
刨花板厂
三棵树
石板村
云海商务酒店
泰利酒店
县白糖厂
县松香厂
中石化加油站
全顺汽车服务
芒冒汽配
民联汽车城
杨飞汽修厂
美博汽车装饰美容
浙江皇庭丽品海鲜楼
烈士陵园
抗掌
事业管理局
景谷小学
县教育局
县环保局
三棵树商业街
谊林新城
县一中
景怡苑
盛景花园
县劳动就业局
县林业工业公司
税务局生活区
白龙社区
县体育馆
县安监局
县审计局
盛景酒店
白龙公园
县疾控中心
县林业局
林景纸业生活区
宏泰雅苑
党校生活区
县城乡规划局
白龙广场
天生祥超市
县人民医院
佳易百货店
响水花园
白龙公园小区
县供销合作社
农村信用社
农行县支行
县委
县政府
县人大
县政协
百货大楼
云南电网景谷营业厅
县公安局
县气象局
县邮政局
县粮食局
警苑佳园
心中园
县地震局
华城映像
县水务局
威远供水公司
鑫源金钻广场
景江大酒店
金色外滩
县旅游局
县城乡规划院
景中园
云景林纸生活区
客运站
人众宾馆
桥头新村
雁林酒店
县公路管理段
景民医院
县国土局
县烟草专卖局
城关小学
县地税局
县路政管理大队
镇财政所
威远派出所
威远镇政府
傣香园
县废旧物资市场
苏家大营
县民族中学
大寨
农香乐
勐卧总佛寺（塔包树、树包塔）
县人民医院（新址）
县中医院
新南亚财富新城
县法院
县国税局
县检查院
县药监局
县卫生局
县工商局
县政务服务中心
县住建局
金时代花园小区
县移民开发局
县生物制品公司
江东建材城
农贸市场
威远小学
凤明宾馆
坤华宾馆
威江园酒店
县消防大队
晓江酒店
中国电信
中国移动
芒苑酒店
芒冒
县质监局
中石化
旭日酒店
县交警大队
景谷大桥
县电力公司
光登宾馆
大有为食品公司
康达红砖厂
土锅寨
威远江
芒冒河
东干渠
土锅寨小河
东巴河

景谷境内大部分地区群山巍峨壮丽，森林茂密，山清水秀。据传说景谷曾经是神仙居住过的地方，神话故事扑朔迷离，佛迹满地，仙踪遍野。县内有仙人背石留下的大石寺，有勐乃仙人洞，有塔包树、树包塔的千古之谜，有富龙大山大脚仙降伏小黄龙的传说，有小黑江佛寺童男童女的传说，有傣家佛教文化根深蒂固的由来，有彝家的祭火把和不吃狗肉的故事……这些都是景谷县深厚的文化内涵的标志。根据经书记载，在景谷傣族彝族自治县境内共有26处佛祖留下的痕迹。

景谷各少数民族信仰神灵，原始宗教观念影响甚深。景谷的傣族、彝族、拉祜族、哈尼族也都崇拜自然神灵，其主要活动是"祭竜"。每个少数民族的村寨都有"竜林"。除"竜林"外，还有"土主""山神"等，都要崇敬、祭祀。每逢节日，家家户户都要进行祭祀神灵的活动。景谷的傣族信仰南传上座部佛教，曾在景谷大地上修建了86座缅寺（佛寺），缅寺里"啥滴"以上的僧侣，俗称大佛爷。大佛爷懂得本民族的文学，熟悉本民族的历史文化，是一寺之主，是傣族文化的保留者和传播者，受到傣族群众的崇敬。历史上，傣族人民的文化传授，也是以缅寺为中心。傣族群众的赕佛活动极为频繁，每年除有固定的宗教节日活动外，还有佛迹朝拜活动，当地称之为朝仙。正兴镇帕庄河畔的勐乃仙人洞，就是一个历史悠久、远近闻名的朝仙圣地。每年傣历的新年，傣族的男女老少都要到勐乃仙人洞进行朝仙活动。

景谷是歌舞大县。各民族的歌舞都与其生产生活紧密联系，从不同侧面，直接或间接地反映人们在不同时期的生产生活、精神风貌、历史故事。流传甚广的舞蹈主要有傣族的"白象舞""孔雀舞"，彝族的"开荒舞""撒种舞"，哈尼族的"簸米舞""编篱笆舞"……景谷最为普及的歌舞就是"跳笙"，每逢农闲、节假日、喜事，男女老少，拉起手、围成圈，伴随着各种民族乐器的节奏，欢快起舞。跳笙亦歌亦舞、有领有合、节奏鲜明、形式多变、气氛热烈，往往通宵达旦。而且，"跳笙"还是青年男女寻找如意伴侣的重要活动。

玩家点评

很多人不远千山万水来到这里，就是因为信仰。信仰，可以让人有底线；信仰，可以让人充实；信仰，可以让人心灵富有；信仰，可以让你的笑容很灿烂；信仰，可以让你的眼神更纯净；信仰，可以让你不再担心明天的房价；信仰，可以让这片山水如此与众不同，如此让人心动。

出发，去景谷！

公路线路

昆明—景谷

在元江至思茅高速公路的宁洱出口下，然后经 93 公里二级公路至景谷。全程约 490 公里。

思茅区—景谷

从思茅区出发，经宁洱县，全程柏油路，全程共 137 公里。

公共交通情况

景谷至昆明：每天 10:30 分、11:30 分、19:00 分、19:30 分、20:30 分，途径宁洱、墨江、元江、峨山、玉溪、晋宁、呈贡等县市。

景谷至普洱：从早上 7:30 分至晚上 18:00 分，每半个小时发一趟车。

景谷至景洪：每天 8:30 分、10:30 分、11:40 分、13:10 分、18:30 分。

景谷至临沧：每天 7:30 分、9:30 分、14:00 分。

景谷至双江：每天 8:30 分。

线路推荐

北部旅游环线

（山水湖泊旅游环线）

威远镇—芒玉峡谷—无量湖—大石寺—芒卡温泉旅游度假村—威远镇

南部旅游环线

（历史文化旅游环线）

威远镇—芒朵佛迹—威远江自然保护区—碧光中学—威远镇

东部旅游环线

（森林生态旅游环线）

威远镇—帕庄河·勐乃仙人洞—小黑江亚热带雨林—普贤寺—威远镇

西部旅游环线

（宗教与民族文化旅游线）

威远镇—勐卧总佛寺—永平傣彝村寨—雷光佛迹寺—迁糯佛寺—昔木水库—南谷仙人洞—威远镇

脚迹虽然既长且宽，但栩栩如生，有的人说是后来雕刻的，但察其细节，又没有人工痕迹，若是自然生成，又怎会如此巧夺天工？佛，不管你信与不信，他都在那里，拈花微笑。

玩家点评

芒朵佛迹园

地理位置：景区位于威远江下游云景林纸厂对面，南面右下是芒哈，北临县城，仙迹所在地是公榔村芒朵村民小组

交通情况：从县城出发约 10 公里，全程柏油路

芒朵佛迹园景区是一个集民族宗教文化、傣族民俗文化、园林文化为一体的综合性生态旅游景区。威远江和那木河把景区围绕成半岛形状。景区内庙宇庄重肃穆，近千年的 17 棵菩提树，形成了蔚为壮观的古菩提树群，另有老芒果树群、黑心树群、竹林群，赤日炎炎的盛夏，步入其中顿时生凉，傣族寨子芒洪笼罩在树林竹海之中，仿佛仙境。

据传，景区寺内大石头上的脚印和手印是佛祖云游时留下的，傣族群众每年都要到这里敬仰朝拜，滴水念经，赕钱赕物，祈求风调雨顺，平安富足。园内有芒果树和菩提树共生的奇特现象，一株菩提树从芒果树中长出，紧紧连在一起，树下有两块天然的大石头，石头上留有人坐过的明显印迹。有一位到过印度和尼泊尔朝觐的日本人到此看后大惊，他说在尼泊尔释迦牟尼讲经处也有两棵这样的树，就连树下的石头也是一模一样的。当地人把这两棵树称之为爱情树，据说只要到这里对树祈求，人们的恋爱婚姻就会美满，所以常有年轻男女到这里跪拜。

芒朵佛迹园的神话传说：在芒洪下面的威远江中有个龙潭，是一个旋涡滚滚的大湾潭，水很深，龙宫大殿里有一对黑龙王，它们作恶多端，常出来吃人，它们的活动范围很广。黑龙出现就预示着大祸临头，黑龙每年要一对童男童女进供。西天大佛得知民间苦海无边的申诉，来到黑龙王潭，定了五条禁令：“一、不准杀人害命；二、不准抢掠盗窃；三、不许欺诈谎骗；四、不许奸淫妇女；五、不许酗酒作乱。”并写进经书万古传存，在石板上拍板定案，以脚迹手印为证。

永平雷光佛迹寺

地理位置：位于永平镇芒腊村芒景村民小组北部2公里的雷光山上
交通情况：全程为柏油路，距离景谷县城55公里

雷光佛迹寺坐落在永平镇芒腊村芒景村民小组北部2公里的雷光山上，海拔1400多米，前面有雪白如练的大叠水岩瀑布，后有郁郁葱葱的参天古树。相传释迦牟尼曾到此传教，在石板上留下第四个巨型脚印，遂成为南传上座部佛教朝觐圣地。雷光佛迹寺是景谷自然和人文景观有机结合的一处胜境，1988年11月16日被列为县级文明保护单位。

永平雷光佛迹寺自然景观和人文景观都比较丰富，既有历史传说，又有佛寺古建筑群。其特点是：四面青山碧绿，水丰气爽，四个大佛脚印醒目，佛寺富丽堂皇，是傣族朝仙圣地，且地势高并开阔，这些特点概括了此地丰富的文化内涵。人们去朝仙、旅游，走到仙迹圣地附近时须经过一条深山密林的小箐，是休息歇凉的好地方，这里有三五米高的小瀑布，脚下塘水清澈。传说要去朝拜佛祖的人须在此洗脸脚洁身再去朝拜，表示对佛祖的敬仰和虔诚。再走上500米就到佛寺大院，凡到这里的人都会有一种步入山间仙境、心旷神怡的感觉。据说，谁能到雷光佛迹寺朝拜大佛，点支蜡烛滴水念经拜佛，赕一点钱物，谁的一生就会免灾避难、吉祥平安、发家兴旺。佛寺内有三口山泉水，水源十分丰富，水质清凉、纯正甘甜，被称为佛祖的“圣水”“仙水”。很多人到了这里都要带上一瓶回家。

有人用诗记下了一段历史：

历代佛光照世间，如山事实不能颠。
留着脚印传千代，刻有仙迹万古仙。
圣地磐石苍更翠，佛门宝地绿无边。
妖魔数次作恶坏，断肠呜呼去逝天。

勐卧总佛寺“塔包树·树包塔”

地理位置：县城南部的大寨勐卧总佛寺内

交通情况：全程柏油路

景谷有两座远近闻名的佛塔，它位于县城南 500 米处的大寨勐卧总佛寺内，始建于清顺治年间（1644–1661 年），至今有三百多年历史，系勐卧傣族第十七代世袭土司刀汉臣所建。

左塔顶上有一株菩提树，树高约 25 米，枝叶繁茂，粗壮纷乱的根须枝条从上到下把塔身缠绕得严严实实，树与塔融为一体，巨大的树冠像一把大伞，笼罩在塔顶上，布下了 20 多平方米的荫凉，这座塔被当地傣族群众称之为“梅细利卧广勐”，意为“树包塔”。

右塔顶上也有一株菩提树，树高约 20 米。由于树冠小，还生于塔中，根须尚未从塔里伸出，形成塔把树紧紧包住的状况。傣族把它称之为“广勐卧梅细利”，意为“塔包树”。

两座塔造型结构相似，均系高基座砂石浮雕佛塔，左塔高 10.7 米，右塔高 7.2 米，却是用石砌成，塔座为石块支砌，四边宽 8 米，高 2.5 米，塔身共有 16 台，中层为仰复莲座，两座镶边的方石上雕有佛祖释迦牟尼、天神、唐僧取经、孔雀公主、螃蟹姑娘（喃念波）、孔雀、飞龙、飞马等图案，造型生动逼真，为难得的艺术珍品。传说，要是能围着这两座塔绕一百圈的人，此生都是幸福的，灾难和疾病都不会降到身上。

塔包树和树包塔，被人们誉为滇西南奇观，中华塔林一绝，是景谷的无价之宝，被列为国家级重点文物保护单位。居住在县内的傣家人和版纳、临沧一带的信教群众常到这里赕佛念经。随着旅游业的发展，到这里来观光旅游的人愈来愈多，尤其是泰国、日本、缅甸、印度、尼泊尔、斯里兰卡等国和中国澳台地区的游客，他们对这神奇的佛塔赞不绝口，流连忘返，他们在这里顶礼膜拜，祈求平安。

有诗为证：

大树裹塔塔藏形，
塔心生树树参天。
君游勐卧先游此，
树塔各绕一百圈。

玩家点评

很多人不远千里，从缅甸过来，只为了到这里，燃一炷香，用虔诚，祝福爱人、亲人、友人还有自己。

迁糯佛寺

地理位置：迁糯佛寺位于景谷县永平镇迁糯村大寨村民小组，距县城70公里，永碧公路17公里处

交通状况：全程柏油路

这座佛寺建于清乾隆四十三年（1778年），复修于清道光七年（1827年），至今有270多年的历史，为云南省最大的傣族南传上座部佛教寺院之一，寺庙为大理工匠所建，展现了明末清初的建筑风格，同时结合了傣家的房屋式样，显得古朴、典雅，是难得的古建筑群。

佛寺正门是一座十分精美的重檐牌坊，上面的木雕和透雕，刀工精致，具有极高的欣赏价值。门头上立有木刻金匾一方，上刻“清佛寺”三个朴拙的大字，它的右侧刻有“迁糯和尚、乡官合修”的鎏金字样，左侧刻有“龙飞乾隆戊戌季春谷旦”的鎏金字。金匾后面还刻着“福贵门”三个大字，意味着从这里出进的游人和朝拜赕佛的人生福得贵。寺门两边有一对木刻楹联，可惜只留下了上联，上书“寺门对池道德喜同荆山璞”。据说，下联是有意留给后人来对的。各位可以尝试来把下联对上，据说能对出下联者，是与佛有缘的人，佛祖将赐予福寿。

走进寺内，人们看到的是一幢别致的亭阁戒堂，这是大佛爷、二佛爷讲经论道的所在，客人只能站在门外观看，不得进入，能在这里讲经的佛爷为知识丰富的高僧，他们已看破了红尘，悟到了人生的真谛。供奉佛祖的大殿，是一幢三檐歇山顶围廊式建筑，坐东南向大殿正面的木柱上雕有两条腾云驾雾的金龙。据说，这两条龙常从东边出去，化为骏马，到人间巡游，有人见过它的角上挂着青草和水草，寺内的住持很想把整个寺砌一道围墙，不让牛马牲口入内，只可惜每次围起后，东边的一角总是塌下，只好留下一道豁口，让龙自由地出进。

白马山 芒玉峡谷

地理位置：芒玉峡谷位于景谷县城西北方向的威远镇联合村境内，离县城18公里
交通情况：全程柏油路，从县城乘车30分钟左右就可到达

芒玉峡谷以谷深林幽，山势峻峭，景点密布，四季变幻为主要特点。芒玉峡谷属无量山系，峡谷谷长6公里，白马山主峰芒玉大尖山位于峡谷东侧，海拔1492米，峡谷两岸群山含翠，悬崖陡壁上长满了栎木、青松，杂树生花，猿啼鸟鸣，悬泉飞瀑长流不息。谷底奔涌着万年涧水，进入夏季，滔滔滚滚，势不可挡，冲激出千尺大浪，满谷轰响。秋末冬至，大水渐收，漫湾碧水，静影沉壁，两岸风光，尽映其中，水中的游鱼、卵石清晰可见，五彩焕然，游人还可见到河岸两侧及河中石头上无数个大小不一、形状各异的石窝石坑，有的状若奔马，有的形似镜台，当然更多的酷似女性的玉门，玉门内蓄着一池春水，将溢未溢，含情脉脉，春波荡漾。芒玉峡谷也因此得名。沿涧底有依山而建的栈道，游人可沿栈道一路观赏，景随步移，人高谷低，远山更远，近山愈近，青松伸臂，竹木为杖，流一点小汗，看无边风景。

玩家点评

芒玉者，傣语，女人的生殖器也。其美，其神，其幽，其净，皆类之。

玩家点评

晚上去，仰卧水上，可以看到，池边榕树叶子的间隙里，繁星点点，月儿半弯。你会发觉，星空，竟然如此贴近；人间，竟然如此温暖。

芒卡温泉旅游休闲度假村

地理位置：位于景谷县凤山乡平寨村，距县城 18 公里
交通情况： 全程柏油路

芒卡温泉位于风景秀丽的威远江畔，森林茂密，植被良好，温泉出水口水温高达 68 度，日出水量大约 2800 立方米，水中富含氯化钠、偏硅酸等矿物质，达到矿水的浓度，对治疗肥胖、痛风、高血糖、冠心病、内分泌紊乱、骨关节疾病、皮肤病等多种疾病有很好疗效，同时具备很好的美容养颜和养生功能。这里是露天温泉，准备好游泳衣裤，就可以下水啦。其水量之大，面积之宽，设施之干净，温度之适宜，价格之实惠，都是别处很难见到的。

大石寺

地理位置：大石寺位于景谷乡文山海孜文笔山顶悬岩之上，距县城约 60 公里，其中 40 为柏油路面，20 公里为砂石路面，交通便利

在气势磅礴的云岭无量山余脉南端，有一座层林叠翠、异峰突起的山峰，像一把锋利的宝剑直刺云天，峰顶悬岩巨石之上耸立着一座惊心动魄、凌云星辰的道教寺观，这就是数百年来远近闻名、风光绮丽的景谷大石寺。

从景谷驱车，可直登大石寺绝顶。就在螺蛳形盘旋的海孜文笔山顶上，那 300 多万年前由砾石沉积而成的两个圆周宽约 100 余米的巨大砾石在地壳运动时期，从海底被抬升高过了峰顶。这两个大砾石好像两座紫铜色的险关古堡，一前一后，不偏不倚，若即若离，耸立在顶峰中央。大石寺的奇特建筑就建在这两个大砾石上，工程之艰巨、惊险，令人难以想象。此外还有“积米洞”“摸子洞”“一洞天”“鹊桥石” 等奇景。在这里，极目远眺，黎明时霞光万丈，可最先观赏到东方日出；在夜间，星云相映，能观赏到明月奇光；千山万岭，郁郁葱葱，蜿蜒起伏，朝贺仙宫。石寺周围有青松翠竹，梅树灌木，把大石寺点缀得分外峻峭秀美。在此登高望远，群山低矮，蓝天接顶，飞云下界，松涛有色，景色迷人，让人陶醉不已。真是：

绝顶凌空云漫舞，天低日近风鸣鼓。
乾坤上下道相通，神仙到此应留步。

玩家点评

租一小船，顺流而下。一对青山，一篙碧水。一唱一和，一生何求？

威远江自然保护区

地理位置：距县城约40公里
交通情况：全程为柏油路面，交通便利

保护区内有威远江穿过，江两岸是绿色的森林，靠江边的是莽莽苍苍的热带雨林，中间地带是杂木阔叶林，靠山头的是思茅针叶林。保护区内几十米高的大树成林地覆盖着每一座大山。大江两岸宽不过几百米，站在两岸可以对话，只要有一方呼喊，即使没人对答，大山也有回音。

威远江流过无量山支系的崇山峻岭之中，由于青山绿水互相陪衬，显得山水交融，相得益彰；有时流速平缓，像是不敢打扰山林的寂静，有时流速加快，像是陪着松涛高歌一曲，给人一种山之美，水之秀的韵律。

1996年修建的景区管理所就坐落在青山碧水之间，游人可以在此小憩后再向保护区腹地老虎山瞭望台前进。登上这个建造在海拔1340米高，很像古时用来观察敌情的烽火塔的瞭望台，举目远眺，顿时感到心旷神怡，眼界大开。东面和南面群峰连绵，威远江像银带般系绕在群山之间，只有看到那翻腾着浪花的水面，你才能感受到那是一条流向远方的江河。远看山岚朦朦胧胧，山与天浑然一体。一缕缕白云从山腰飘过，就像是一位温柔的仙女腾云驾雾姗姗而来。

在威远江自然保护区内，你还可以领略到全世界面积最大、保护最完整的龙血树野生群落的风姿。据专家鉴定，该区的龙血树为柬埔寨剑叶龙血树，是活血、化瘀、止血、补血的昂贵药材。

帕庄河自然保护区

玩家点评

此河之美，小巧玲珑，精致温婉，如一豆蔻少女。养在深闺人未识，只待君来一探之。

地理位置：保护区位于景谷正兴镇帕庄河一带，距景谷县城60公里，离普洱约50公里

交通情况：从县城出发，均为柏油路

帕庄河自然保护区是一个历史悠久的傣族南传上座部佛教朝仙圣地，也是一个风景优美的岩溶地貌风景区。景区紧邻弥宁公路，交通方便。帕庄河水常年清澈见底，碧水荡漾，两岸群山合抱，石灰山岩裸露，气势非凡，或钟乳石倒悬玲珑剔透，如塑如雕，或似皇宫玉苑画栏，幽深静雅，或如彩绸锦缎，轻盈飘逸……山上青树翠蔓，蒙络摇坠。河中鱼虾畅游，滩边七彩卵石斑斓可爱，令人爱不释手。

风景区现探明共有30余个洞穴，分布在方圆约24平方公里内，形成了一个风景独特的天然溶洞群。这些溶洞里的钟乳石造型奇妙，千姿百态，有的如层层梯田，有的像少女酣睡，有的似莲花朵朵，有的如母子相依……那摆设有方，疏密有致的石桌、石凳、石烛台更是巧夺天工，仿佛是仙人们有意摆放的一般。

仙人洞位于海拔1800多米的大山上。仙人洞洞口较开阔，顺石阶下去十来米，就进入了高约三丈，宽四五丈的大殿。据佛经《拍召抵混》记载，此洞是佛祖释迦牟尼云游时路过这一带居住过的地方。在这里，佛祖降服了妖魔“饿罗荸”后，时值关门节期间，僧侣不宜出行，佛祖就于洞中闭藏读经90天，因故，人们把这称为“仙人洞”。

仙人洞大殿右边顺石梯而下即达“良心洞”，但是要进“良心洞”得先过一道夹壁，据传此夹壁须有良心之人方能通过，不然即使你人再小再瘦也无法通过，而相反，只要有良心，再胖再魁梧的人都能通过。

旅游节庆活动

1. 泼水采花节：公历 4 月 14 日至 16 日
2. 火把跳笙节：农历六月二十四日
3. 二月八节：农历二月八日
4. 县庆：公历 12 月 24 日至 26 日
5. 自 2006 年起，地处偏远的景谷县已连续举办了五届热带雨林汽车越野赛事，受到当地群众的热烈追捧。在中国汽车运动联合会的大力支持下，景谷 2009 年和 2011 年成功举办了全国汽车场地越野锦标赛，其出色的赛事组织受到中汽联及参赛车手的一致好评。2012 年举办了滑翔伞精英赛。

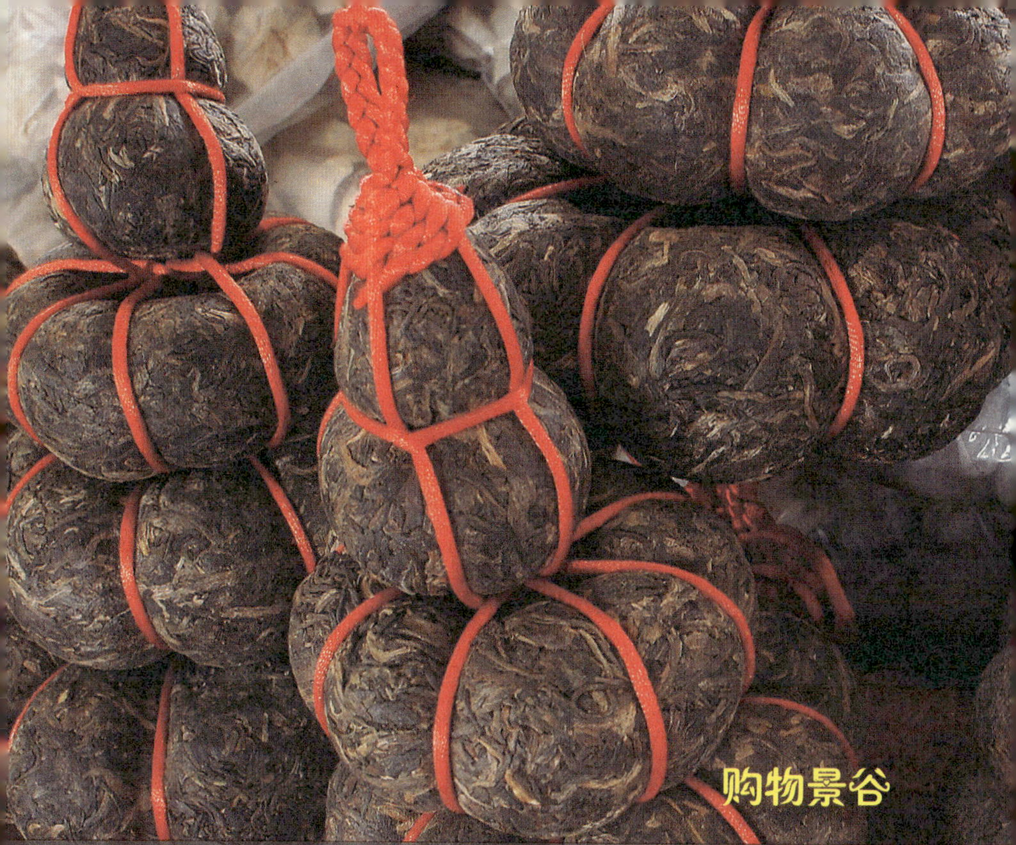

购物景谷

纪念品：象脚鼓、木雕、竹编、柏木烟筒、傣族织布、傣族香包

特色商品：普洱茶、景谷象牙芒果、姬松茸、芒果汁、胭脂花生，傣族春干巴，景谷松香，景谷蔓荆子，景谷大香糯等。其中，象牙芒果，果实圆长肥大，一个重1斤左右，因果型如幼年象牙而得名。果实成熟时呈金黄色，可食部分占72%，皮薄核小，果肉肥厚、鲜嫩、多汁，味美可口，香甜如蜜。含有多种维生素，被视为果类珍品，誉为热带“水果之王”。象牙芒果产于景谷县威远镇周边地区，其栽种已有86年历史，象牙芒果始祖树还健在于景谷县威远镇芒冒村寨子中，是1914年芒冒傣族农民刀体清从泰国清迈引种来的，后在景谷繁殖发展，全县均有种植，1993年时已有8万多株。芒冒村的始祖树枝叶繁茂，参天耸立。

景谷怡泰祥木工艺品，该工艺厂产品均为实木全手工打造，工艺独特，选料考究。经过严格的蒸煮、干燥、防水、色泽渲染等13道工艺处理，方能脱胎。目前自主设计的产品达400多个款式900多个花口，是云南省内规模最大的纯手工工艺生产基地。产品受到国内消费者及欧美、日本、荷兰等各地消费者的青睐，具有较高的欣赏和收藏价值，并赢得众多艺术大师的赞誉。

美食景谷

网友推荐：景谷的特色小吃很多，但是少有专门的店铺。比如说景谷的傣族糯米饭、傣味水果稀饭，还有酸果子凉拌都很有特色；我知道的还不错的就是百货大楼里面的傣味凉米线，车站旁边的春鸡脚，大农贸的老傣族粽子、三角粑粑；火烧干巴只有在烧烤店买，最好是不要柠檬的那种整块的碳烧干巴最香！

笔者推荐：芒卡温泉出产的清水煮鱼，鱼肉非常细嫩，味道极鲜。

芒费旅游特色村

地址：景谷县纸厂路3公里处

这里有多家特色鲜明、味道独特的农家乐餐馆，到景谷就一定要到这里来尝一尝。

特色餐馆

1. 和顺园

地址：景谷至镇沅2公里　电话：0879-5229969　13987986781

2. 傣 楼

地址：大寨傣楼　电话：0879-5119888

3. 芒费农家乐

地址：纸厂路3公里　电话：0879-5229817

4. 新农村农家乐

地址：纸厂路3公里　电话：13887959041

景谷美味特色餐饮

名　称	电　话	地　址	特色菜
★ 景谷土锅寨毛驴店	13608796206	景谷县威远镇芒冒村土锅寨 13 号	毛驴鞭、毛驴干巴、毛驴小炒等
★ 佛乡缘农家乐	15125525898	景谷县威远镇江东村芒费村民组	傣味鬼鸡、水腌菜大烧
★ 傅家农庄	13769906758	景谷县威远镇河东村芒哈村民小组河湾路口旁	大鹅米干、煮河鱼、清炖土鸡
★ 坤香乐	13987976103	景谷县威远镇江东村芒费村民组	嘎哩罗煮鸡、傣味蒸江鳅
★ 芒费农家乐	13769929945	景谷县威远镇江东村芒费村民组	傣家土锅鸡、柠檬鸡
★ 佛缘农家乐	18908795557	景谷县威远镇江东村芒费村民组	傣味包烧、水米线
★ 少青农家乐	13887959455	景谷县威远镇江东村芒费村民组	牛撇撇米线、烧干巴、腌鱼

“★”为市级特色餐饮店、农家乐

“★”为县级特色农家乐

住在景谷

星　级	名　称	订房电话	地　址
★★★	威江园酒店	0879-5111757	芒乡大道 88 号
★★	云海商务酒店	0879-5118999	凤山路 43 号
★★	金登宾馆	0879-5224777	金星小区
★★	德谊酒店	0879-5118518	响水路 8 号
★★	富寓酒店	0879-5222234	文明路 11 号
★★	海天酒店	0879-5111666	文明路 23 号
★★	泰利酒店	0879-5116444	石板村大桥头
★★	坤华宾馆	0879-5112228	振兴路 49 号
经济型	雁林酒店	0879-5225668	永安路
经济型	威远江国际大酒店	0879-8886666	地址：滨河东路
经济型	傣高鑫酒店	0879-5388988	地址：响水路

世界茶王
芳香镇沅

镇沅

镇沅彝族哈尼族拉祜族自治县位于云南省西南部，明置镇沅州，因沅江而得名，取威镇沅江之意。一说，镇沅为傣语“正也”音译，意为“粮仓小城”。1913 年设县。1990 年改为镇沅彝族哈尼族拉祜族自治县。镇沅地处哀牢山和无量山之间，隶属于普洱市，东靠新平，北接景东、双柏，东南与墨江、普洱毗邻，南接景谷，西与临沧隔澜沧江相望。县城恩乐镇距省会昆明 447 公里，南距普洱市驻地思茅区 189 公里。总面积 4136.81 平方公里，居住着彝族、哈尼族、拉祜族、汉族等 22 个民族共 20.7 万人。镇沅独特的地形地貌与良好的地理位置形成了优越的气候特点，造就了极为丰富的生物资源。

旅游咨询电话：0879-5814896

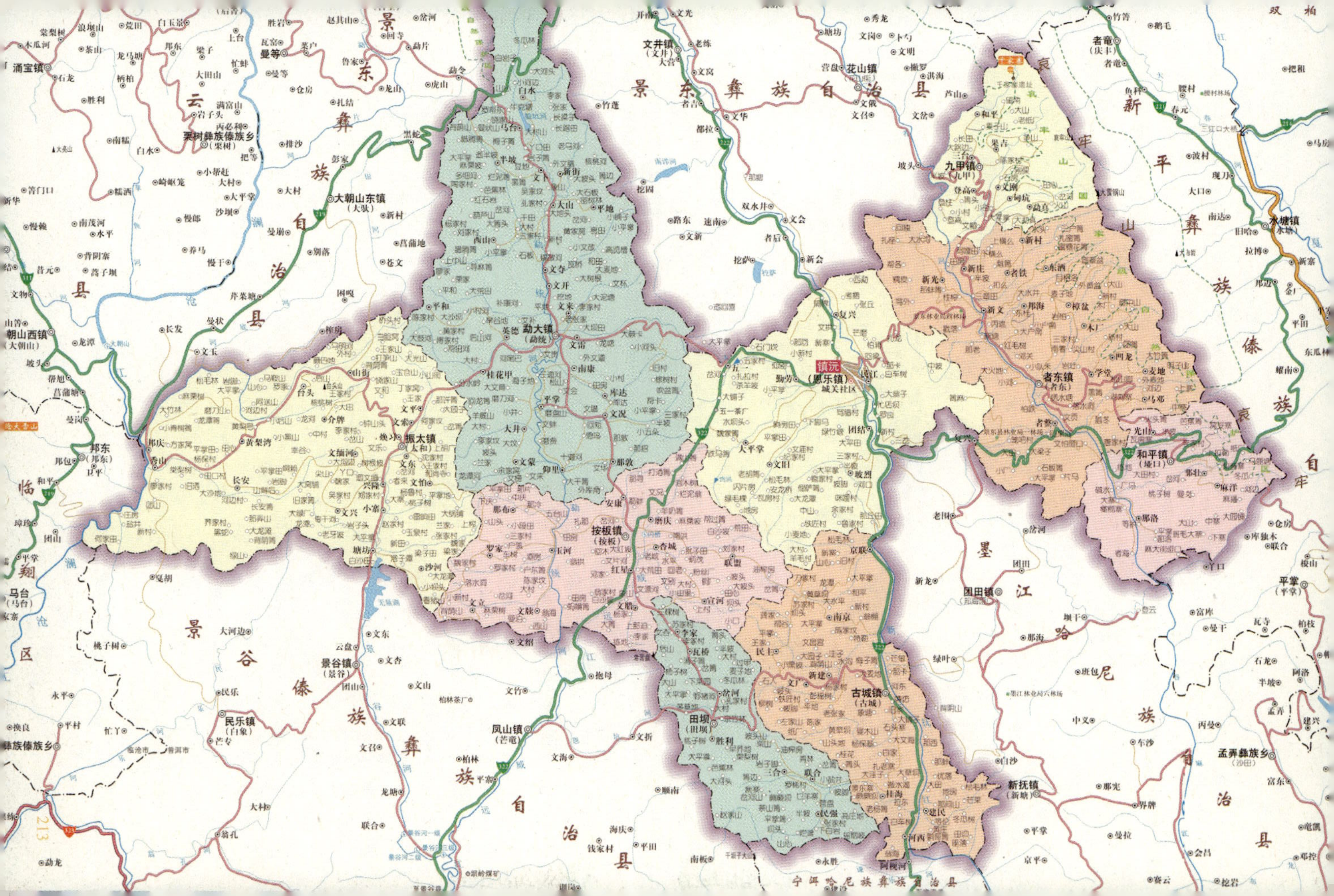

镇沅
恩乐镇
勐大镇
按板镇
振太镇
者东镇
和平镇
九甲镇
古城镇
田坝
景东彝族自治县
新平彝族傣族自治县
墨江哈尼族自治县
景谷傣族彝族自治县
宁洱哈尼族彝族自治县

加油站
花园宾馆
田头
含香阁美食
隆达宾馆
县农资公司
县人民法院审判法庭
恩水源
百姓公寓
尚
居
佳
苑
哀牢小镇
哈尼人家
哀牢小镇二期
哀牢小镇一期
广场
杏
源
村
青少年
活动中心
县教育局
金龙宾馆
歇气坡公园
凤凰大酒店
县环保局
县司法局
县民族宗
教事务局
恩乐派出所
镇沅一中
县食品药品监督局
县粮食局
云南移动镇沅分公司
恩乐镇政府
丙中
县疾控中心
县农业局
县茶叶局
县妇幼保健院
县委
县政府
县人大
县政协
县邮
政局
县文化馆
县计生局
县公安局
农村信用社
人民法院
镇沅直属小学
县国土局
县移民局
镇中心学校
合意农家乐
教场坝
娘娘庙
恩乐中学
镇沅石油公司
武星宾馆
镇沅大酒店
县文警大队
县道路运输管理所
县人民医院
县林业局
县水务局
县畜牧兽医局
县客运站
县交通局
县植保植检站
县烟草专卖局
龙瑞酒店
县农业技术推广站
新茂酒店
天福酒店
茶源酒店
县供电公司
兰彬酒店
龙云宾馆
镇沅大头三轮摩托车专业市场
圣元娱乐城
县公路管理段
县地税稽查局
民江桥
补
麻
河
川
河
恩
乐
河
假日农庄
茅草人家
职业中学
丙庙
景东林业局第三林场
老街
民江完全小学
丰达汽修
景短河
县公路管理养护段
昌宏酒店

镇沅是国家一类林区县，林地面积 397.5 万亩，有活立木蓄积量 2110 万立方米，森林覆盖率达 72.52%，国家一、二、三类保护植物 23 种；有草场 228 万亩，牧草 94 科 455 种；有野生动物 519 种，其中有国家一、二、三类和省级一、二类保护动物黑长臂猿、虎、豹等 30 余种；中药材主要有石斛、何首乌、龙胆草、防风、续断等 56 科 123 种。镇沅有着灿烂的民间文化，大量神话、寓言、动植物等风物故事，有民间诗歌、传说、谚语、谜语等民间文学。民间传统体育项目主要有：陀螺、射弩、秋千、丢包等。民间舞蹈种类繁多，最流行的是“三跺脚”“羊四打”等 20 余种。其中九甲镇的杀戏为目前国内稀少剧种。歌曲主要有古歌、情歌、挽歌、苦曲、盘曲等。民间乐器有三弦、芦笙、箫、响篾、唢呐、牛角、竹笛等。另外，这里还有神秘的“苦聪人”文化。

>>>Go!

这里适合自驾游，因为风景多在路上。提醒坐在车窗边旅行的朋友，进入镇沅的时候，不要打瞌睡，一不小心，就会错过小片小片王维似的精致和大片大片凡·高式的金黄。

镇沅名胜众多，山川秀丽。古驿道的“难搭桥”“玻烈河石桥”巧夺天工；具有古典艺术风韵的“和尚洞壁画”令人扑朔迷离；“飞来寺”“五台山文笔塔”雄伟壮观；松山烈士塔展开了解放战争彻底胜利的画卷；“花山营石仓”记下了当年农民起义军的战绩等。镇沅东有峰峦叠嶂、林海茫茫的哀牢山，西有群峰云集、气势磅礴的无量山。常年江河流淌，清泉歌唱，100多处瀑布恰似银梯从蓝天伸向人间，哀牢山云海秀美壮观，神秘莫测，高山梯田鬼斧神工，秀丽如画，奇妙迷人的土林，千姿百态，千古溶洞引人入胜，河谷小坝稻花飘香，高山坡地茶叶叠翠。省级风景名胜区千家寨是镇沅旅游的一张名片，那里生长着2700余年的野生古茶树王，是迄今为止发现存活着的树龄最大的野生型古茶树，2001年获“大世界基尼斯之最”。千家寨富有神奇美丽的自然景观，原始的万亩“古茶树群落”是茶文化朝圣地。走进神秘的千家寨自然风景名胜区，步步皆诗、处处如画。登上3137米哀牢山主峰大雪锅山，收入眼底的是群峰如巨浪奔腾，云海似海涛拍岸。景区内生长着1500多种稀世高等植物，800多种珍奇动物，将这里装点得天堂一般。随着道路交通状况的改善，镇沅与玉溪、昆明、大理、普洱等客源地的时间距离大为缩短，镇沅县东部的千家寨、飞来寺、金山丫口、麻洋纸厂、金矿工业园区、勐大、振太美丽乡村等景区景点将成为自驾游客首选的休闲、探险旅游目的地。

出发，去镇沅！

公路线路

思茅区—镇沅

在元江至思茅高速公路的臭水收费站出口下，然后经107公里三级公路至镇沅。

玉溪—镇沅

新平—嘎洒—金山丫口86公里—县城（恩乐镇），从金山丫口至县城所在的恩乐镇为全程柏油路。

公共交通情况

恩乐—按板镇（沙石路）60公里
按板镇—勐大（柏油路）32公里
勐大—振太（柏油路）29公里
恩乐—者东（柏油路）74公里
者东—和平（柏油路）36公里
者东—九甲（柏油路）58公里
恩乐—和平（柏油路）76公里
恩乐—九甲（柏油路）78公里－千家寨（柏油路）22公里
恩乐—金山丫口（柏油路）86公里
恩乐—飞来寺（柏油路）58公里
恩乐—玻烈河（柏油路）19公里

线路推荐

第一条，以县城为中心的山水园林小镇、镇沅瓷园、苦聪新村、五一水库、五一茶庄园中部现代文化休闲旅游线路；

第二条，以振太难搭桥、紫马街古宅、茶马古道、杨家村古村落为主的西部历史文化探秘旅游线路；

第三条，以千家寨2700年野生古茶树为核心的哀牢山、者干河、飞来寺、金山丫口东部森林观光科考旅游线路。

九甲乡千家寨省级风景名胜区

据史书记载，在太平天国的影响和鼓舞下，清咸丰同治年间，哀牢山彝族农民领袖李文学联合各族农民五千余人，聚集于天生营誓师起义，在哀牢山安营扎寨反抗清军，因而得名“千家寨”。景区内原始森林苍翠茂密，路盘溪绕，古木参天，青藤蔓绕，山花烂漫，虫鸣鸟啼。在这古朴神秘的林中，你可以享受到悠然自得的山野乐趣和勾魂摄魄的神奇与浪漫，你会为这大自然的鬼斧神工驻足、惊叹不已，山雄、水美、林幽、物奇是该景区的一大特点，主要有大、小吊水瀑布、2700年野生茶树王等10余个景观。景区主要有几大特色：一、山雄：哀牢山核心区，群峰并列，重峦叠嶂，山体高大、浑厚、雄壮，像一座座高耸入云的金字塔，给人以强烈的雄壮美感。二、水美：崇山峻岭中流淌着许多无比清澈的溪流，溪流中无数的跌水、碧潭，与周围的密林、山花相映成趣，美丽动人，高近百米的瀑布气势磅礴，绮丽多姿。三，林幽：处处山清水秀，郁郁葱葱，一派生机勃勃的景象，有许多地方至今还是人迹罕至的原始森林，林中生长着许多名贵花卉和珍稀树种，幽深、神秘、宁静是景区一大特色。四、物奇：动植物很多，动物有奇妙的鹦鹉、可爱的白鹭、有趣的掉包雀等，植物有古老的茶树王、云南七叶树等，是珍稀动植物和野生药材荟萃之地。

玩家评语：是崇尚自然、有氧运动、科考、探险、休闲度假、旅游观光的好去处。是一个任何时候去，都不会后悔，任何原因不去，都会遗憾的地方。

地理位置：千家寨景区位于镇沅县境东北角，距县城90公里，距九甲乡约22公里，景区面积20平方公里

交通情况：全程柏油路，低底盘的轿车亦可进入

大、小水吊瀑布景观

千家寨石栅门边的瀑布高悬于半山腰，当地人称为大吊水，瀑布从两山之间的峡谷口喷泻而出，成三级跌落，总落差级 100 米，溢宽 10 ~ 20 米。瀑水跌下约 5 米高的陡坝谷，势如天河决口悬空而泻 80 米，其水声如雷、轰鸣山谷，腾起的水雾弥漫河谷，景色壮丽。小吊水瀑布相距很近。水如白练，水下石清溪浅，芭蕉婀娜。

玩家评语：这个时代，有很多名不副实的人和事。水吊是当地方言，意为瀑布的意思。此二瀑布的姿态养眼度，远远胜过这两个土得掉渣的名字。

嘟噜河

“嘟噜”为傣语，意为流经原始森林的河。嘟噜河蜿蜒于原始森林中，时而悬瀑，飞珠溅玉；时而蓄潭，蓝天跃澄碧，映日动浮光；时而如千万条银链漫流石面。河两岸古木横斜、绿叶婆娑、山花烂漫，风光旖旎、野趣迷人。

玩家评语：走在溪边，路再长，你都不会觉着累，相反，你会想到马修·连恩的《飞鼠溪》。水在石头上跌碎后溅出的快乐与优美，与音乐的节奏和旋律完全吻合。

古炮台

据传说，千家寨寨门的古炮台是农民起义军的遗址，据《李文学起义》记载，李文学于 1856 年联合各民族起义，起义失败后退守千家寨，当时居住着 1000 余户，5300 余人，后被清军在水源上放药毒死，全军覆没。当年的议事厅如今尚可辨认。

在千家寨上万亩野生茶树群落中，有一株树高25.6米，胸径0.89米的最大野生茶树（上坝1号）。据专家考证，此树树龄为2700年，为迄今发现的世界最大最古老的野生茶树，被冠以“野生茶王树”的美称，2001年获“大世界基尼斯之最”。它对于研究茶叶的起源等等有重要的科考价值。

野生茶树王

玩家点评

和我们一直崇尚快、喜欢快的时代不同，茶树的生长非常缓慢。因此，和一些桉树、橡树、榕树、枫树相比，它的个头其实并不出众。但是，茶树的这种慢，更体现了对时间和生命的尊重。正因如此，茶才如此耐品。

大雪锅山景点

大雪锅山位于镇沅县九甲镇和平村千家寨南部，为哀牢山第二高峰，海拔 3137 米，因山顶有块凹地，形似一口锅，冬季常盛满冰雪，故得名大雪锅山。大雪锅山山势雄奇挺拔，山中原始森林植被保护完好，春季开满五彩缤纷的杜鹃花，还有大片的野生茶树林和多种珍稀保护动物。大雪锅山是哀牢山系的最高峰，山顶每年有近两个月积雪，登上山顶可看到几个县的山水风光，山上植物和花卉繁多，每年春夏两季，哀牢山上山茶花（据调查有 300 多个品种），杜鹃花、木兰花等盛开怒放，当地群众称此胜景为杜鹃花海。

九甲文化旅游集镇

出千家寨，住九甲小镇，是游人不错的选择。据说以前九甲的交易市场十分活跃，许多马帮都到九甲购买农副产品，如茶叶、核桃、烟草等。为了马帮顺利通行，在通往集市的河流上造了许多座瓦桥（风雨桥），现存的还有两座（100 多年历史）。直到新中国成立时九甲还饲养着“藏骡”，据说是以茶叶交换的。在镇上可以看到哀牢梯田。哀牢梯田经千百年劳动人民对大地的“雕刻”，一片片梯田像一件件艺术品，线条形状之繁复，如同出自一个大师级画家之手。若逢秋冬两季，还可以看到大型鹦鹉群。成千上万甚至几十万只鹦鹉群云集九甲三锅腔一带的山上，早出晚归，遮天蔽日。

玩家点评

车到九甲，都要停下；人到九甲，都要住下。因为此地风情万种，风景如画。

金山丫口景区

哀牢山原始森林风光。

这里是上百种候鸟迁徙过往的大通道。这里保留着原始古老的中山湿性常绿阔叶林，主要树种有：山茶、杜鹃、山樱桃、红花木莲、鹿啃木、枫树、栎木等。这里是天然大氧吧，景区峰峦叠嶂，气象万千。这里曾经还是一条重要的茶马驿道，有幽幽的茶马古道遗址，绵绵的高山草甸，清澈的溪流。

地理位置：金山丫口位于镇沅县和新平县交界处，距和平乡驻地 12 公里，距镇沅县城驻地 86 公里，距新平县嘎洒镇 52 公里，距新平县城 125 公里

交通情况：全程柏油路，从镇沅县城出发车程约为 1 小时 30 分钟。金山丫口是滇中茶马古道必经之地。是哀牢山腹地，杜鹃花漫山遍野，景色迷人。金山丫口原称分水岭丫口，后因发现该山岭底部蕴藏金矿，与著名的镇沅金矿相连，故名为金山丫口

玩家评语：宁静悠远，人迹罕至。远离红尘，回归自然。

麻洋纸厂——古老的造纸术

麻洋纸厂地处哀牢山腹地，始于明末清初最古老的土纸作坊，见证人类文明前进的脚印。麻洋纸以野生滑竹为原料，经过 72 道工序加工生产而成，主要以生产草纸为主。经过多年的生产实践，麻洋纸生产工艺不断得到改进，纸的质量也有了较大提高，其声誉和知名度也随之扩大到周边的新平、双柏等地，其产品深受农家欢迎。

狗碑

相传 200 多年前，一队马帮路经金山丫口，在此休息，马锅头因夜晚喝醉酒，第二天匆匆启程，路行半途才猛然发现丢失了钱袋，连自己的藏獒也没有跟来。很多天后，马帮归来，发现了藏獒的尸体和它身下的钱袋。原来，藏獒为了守住主人丢失的钱袋，寸步不移，活活饿死在这里。马帮感动于藏獒的忠诚，在这里立碑作为纪念。

玩家评语：古狗犹如此，今人何以堪？

那洛傣族泼水节

那洛村以傣族、拉祜族为主，这里浓郁的人文风情和独特的自然景观定会吸引您的眼球，诗意的峡谷、河流、沙滩、天然蝙蝠洞和古老的水车、吊桥让您充分感受大自然的神奇造化；泼水节期间，傣族人民的热情好客、炎炎夏日中的泼水狂欢、夜幕里的民族跳歌和野营烧烤，构成了一幅风情万种的浪漫画卷。

地理位置：那洛村地处镇沅彝族哈尼族拉祜族自治县和平乡的西边，距乡政府所在地 28 公里，距县城 64 公里。
交通情况：从县城出发，柏油路，仅一个半小时便可到达。

金矿工业旅游园区

地理位置：位于哀牢山中段东部和平镇境内，距县城 89 公里
交通情况：全程柏油路

这里是日处理 2000 吨矿石的国家级现代化大型黄金生产基地，已探明黄金远景储量达 100 吨，居全省第一、全国第五位。

玩家评语：据说，那里的风，都比别处要重一些。

飞来寺

地理位置：者东镇者东村公所
交通情况：柏油路
门票价格：无门票

飞来寺为土木结构建筑，寺内设有泥塑观音、山神等。由于历史悠久，历经战乱、土匪，现已残破，但上寺求拜者仍络绎不绝。传说建寺时，因山高坡陡，房屋的木梁一直无法运上山，却在一夜之间神奇地飞到山上，故名“飞来寺”。飞来寺山中奇峰怪石矗立，有喀斯特地貌形成的山洞怪石。

飞来寺始建于18世纪（道光年间），景区由飞来寺景观、石林景观、溶洞景观、擎天一柱景观、龙风洞等独特的自然和人文景观所组成，整座石峰远观宛如一朵石莲花。原有的飞来寺建筑物布局合理，建筑别具风格。石林景观雄壮奇特有瘦、透、漏、皱的特点，石林上各种植物生长茂盛，石上长树给石林披上了绿纱。溶洞景观美丽神秘，各溶洞相互连通，明暗交错，洞内各种钟乳石形成的景观美丽动人。擎天一柱景观顾名思义是最高的石林景观，擎天一柱顶峰长着一株独一无二的大梧桐树，堪称一绝。龙风洞景观，因有一巨龙在洞中活动，所以只要游人到洞口就能感受到阵阵凉爽惬意的龙风。

景区附近的者东村是镇沅县“苦聪人”集居的村寨，千百年来世世代代的“苦聪人”在这儿繁衍生息，延续着自己的生活方式，创造了“苦聪人”独具特色的民族文化。

镇沅的苦聪文化

“苦聪人”自称“果挫”，意为九重天上来的天人。据统计全世界约有 3 万多苦聪人，镇沅就有 1.7 万。《新唐书》载，他们是古氐羌部落的锅锉蛮民族群，生活在金沙江一带。为生活所迫，远行到哀牢山和无量山之间生息繁衍。因其语言有 50% 与拉祜语相像，而归为拉祜族的支系。20 世纪 50 年代，政府四处寻找苦聪人，让他们迁出丛林，直接由原始状态，跨入现代社会。他们用各种材料做衣服，有树皮衣，完全由树皮做成的，像笨重的盔甲一样，还有一种用蜘蛛丝做成的衣裳，据说要收集几千张珠丝网，才能做成一件。他们在几十年前，依然衣不蔽体，经常一家人一条裤子，谁出去谁穿。现在好了，这里和中国所有的农村一样，有了瓦房，有了公路，有了电视。

鼠头葫芦选捕鼠头领

苦聪人有自己的信仰、独特的语言、风俗习惯和生存方式。“老鼠过街人人喊打”，老鼠深遭人们的厌恶。然而，苦聪人的祭祀活动中，它却是不可或缺的主角。每年，他们要选出一个捕鼠头领。即：将三根鸡毛分别插在老鼠的嘴和两只眼睛上，形如梅花，用一个葫芦制成浅瓢，把老鼠头插进葫芦里。由“畲比谋”手持鼠头葫芦，一边念念有词，一边用竹筷搅动锅里的水，在念完法语后，把鼠头葫芦放进旋转着的水中，让其任意漂浮，鼠头缓缓稳定后，对准围着铁锅观看的人群中的谁，谁就是一下年的捕鼠头领。

畲葩节

畲葩节是苦聪人的狂欢日，苦聪人尊树为神。畲葩节这天，他们要祭拜由畲比谋选中的神树。当一切祭拜和祭祀完成后，大联欢开始了，全村人放开跳啊、玩啊、闹啊！小伙找意中人，小妹窥如意郎。当然，游人也可以参与，如果能出示单身证书。

蜘蛛衣、树皮衣

在千百年的生活生产中，聪明的苦聪人发明了一些独具特色的生产生活工具。其中最让人觉得不可思议的是蜘蛛衣、树皮衣。也许你根本想不到，这是苦聪人曾经的避寒保暖之衣。蜘蛛网能做衣服，你能想象么？

玩家点评　据说，一件蜘蛛衣需要上千张蜘蛛网，这是到了镇沅不可不看的稀世“宝贝”。

杀戏

杀戏是流传于镇沅县九甲镇、景东花山乡、大街乡的一种古老而稀有的剧种，迄今已有200多年历史。杀戏被云南省人民政府批准为云南省第二批非物质文化遗产，进一步彰显了历史文化魅力。由于戏中多是砍砍杀杀的武打动作，故称“杀戏”。在每年春节期间苦聪人都要上演杀戏，据说能驱邪保平安。

玩家点评　杀戏，这个名字让你想到了好莱坞的恐怖片。但到现场去看，完全会颠覆你心目中恐怖片的印象。所以，到了镇远，不看杀戏，就如同到了到了拉斯维加斯，不玩两把一样。

苦聪人历史文化博物馆

地理位置： 位于镇沅恩乐镇大平掌苦聪新村
交通情况： 全程柏油路

博物馆主体建筑造型为“蘑菇”状，建筑设计源于苦聪人的储藏粮食的鸡房。该馆是国内唯一专题性收藏、研究、展示苦聪人历史与文化的博物馆。

玩家点评　可能以前的生活太苦了，淡淡的忧郁，已渗入苦聪人性情。站在草垛上，那个十多岁的男孩，表情是忧郁的；屋檐下，那个抽烟的老人的神情是忧郁的；不管舞姿怎么夸张，动作如何有节奏，那些弹三弦的男人是忧郁的。琴声，向我透露了他们的内心世界。以至于我认为：每一个弹三弦的琴手，都是一个诗人。

蜂筒鼓舞

远古源于苦聪人军事秘密，后为大型庆典的狂欢舞蹈，现为盛大节日娱乐欢庆表演节目。蜂筒鼓形状似养蜂的蜂筒，圆形，一个筒鼓有一个支架，蜂筒两头用母牛皮蒙住，每个筒鼓必须有 6 根敲鼓棒，必须有 3 个以上的人才能进行表演。欢庆节日娱乐表演筒鼓舞蹈时，看其庆典规模的大小来决定筒鼓的多少和筒鼓的大小，最小规模的庆典只用一个筒鼓，其大小也是最小的直径 38 厘米，长 101 厘米的筒鼓就可以，庆典规模越大筒鼓越多，筒鼓的尺寸也越大，最大的其长不得超过 330 厘米，直径不得超过 103 厘米。参加表演的人至少 3 人，嫌少不怕多，多多益善。苦聪人独有的蜂筒鼓舞蹈是一种群体舞蹈，既可作为专人技艺表演，又可以群众参与，极具观赏价值，又便于普及。一个规模宏大的庆典，必然筒鼓多，人员多，必定是：筒鼓声频频，狂吼声阵阵。人潮涌动，鼓声震天动地，场面气势恢宏，非常壮观，再加上苦聪人野性实足的狂吼，真有排山倒海之感！

苦聪人独有的反弹三弦，也是源于远古苦聪人的军事秘密，有很深的苦聪文化底蕴。现在主要用来弘扬和展示苦聪文化，因为表演技艺要求很高，所以它不适合大型的群体活动，一般节日难得一见。

灯火节

每年阴历六月二十四为苦聪人灯火节，这一天的白天，苦聪人家家户户采摘新谷。杀鸡敬献田公地母、祭拜“仓龙”，乞求保佑丰收。户户叫魂，意为保佑人畜健康。夜幕降临，家家户户在田头地脚、房前屋后，竖起一盏盏灯火，华灯齐放，犹如白昼，真是火树银花不夜天。

其他景点、景观

难搭桥

地理位置：位于振太镇西南十多公里的地方

交通情况：全程柏油路

这是茶马古道上一座横跨悬崖的桥，因桥建在山势陡峭的南达河悬崖峭壁上，工程十分艰巨困难，因得名“难搭桥”。

花山营石仓

地理位置：位于无量山脉镇沅县按板镇（老县城）驻地东南8公里处，地处磨庆、联盟、杏城三个办事处接合部的花山营山麓

花山营石仓区域内山雄、水美、林幽。在花山营山麓分支四支山脉悬崖中部的悬崖陡峭处，现已经发现10个屯粮石仓和当时人工建造的卡哨台、战壕墙和战壕沟（有的壕墙似长城有3～4米高，有瞭望孔）许许多多地面平台、墙土围、宿营地、石梯台阶石碾、臼石器等。由于山崖路险陡峭，草木茂盛，历史年代久远，屯粮石仓共有多少个还有待进一步核查。经考证，这是清咸丰年间大理杜文秀和哀牢山一带李文学农民起义军田四浪副帅驻镇沅按板井期间，为扎寨屯粮而打凿。

哀牢小镇

哀牢小镇位于县城西北部，补麻河南向，该规划区总占地面积65.48公顷，约982亩，其中现状单位和道路占用地107.1亩，补麻河占用地138.6亩，待建主次道路占用地120.3亩，其余用地616.0亩。哀牢小镇是以做市场、文化、产业和乡情为指导思想，以“做旅游文化、造哀牢水城”为规划理念，充分结合镇沅的实际，依托千家寨风景区，创造了一种具有大哀牢文化和大哀牢旅游经济概念的旅游康体休闲娱乐文化空间。其规划布置为11个功能分区，即纯居住区、建材装饰广场区、公共设施服务区、精品店商住街区、民间工艺商住街区、民族餐饮街区、酒吧商住街区、茶饮商住街区、旅游康体娱乐区、滨河休闲区和保留现状区。

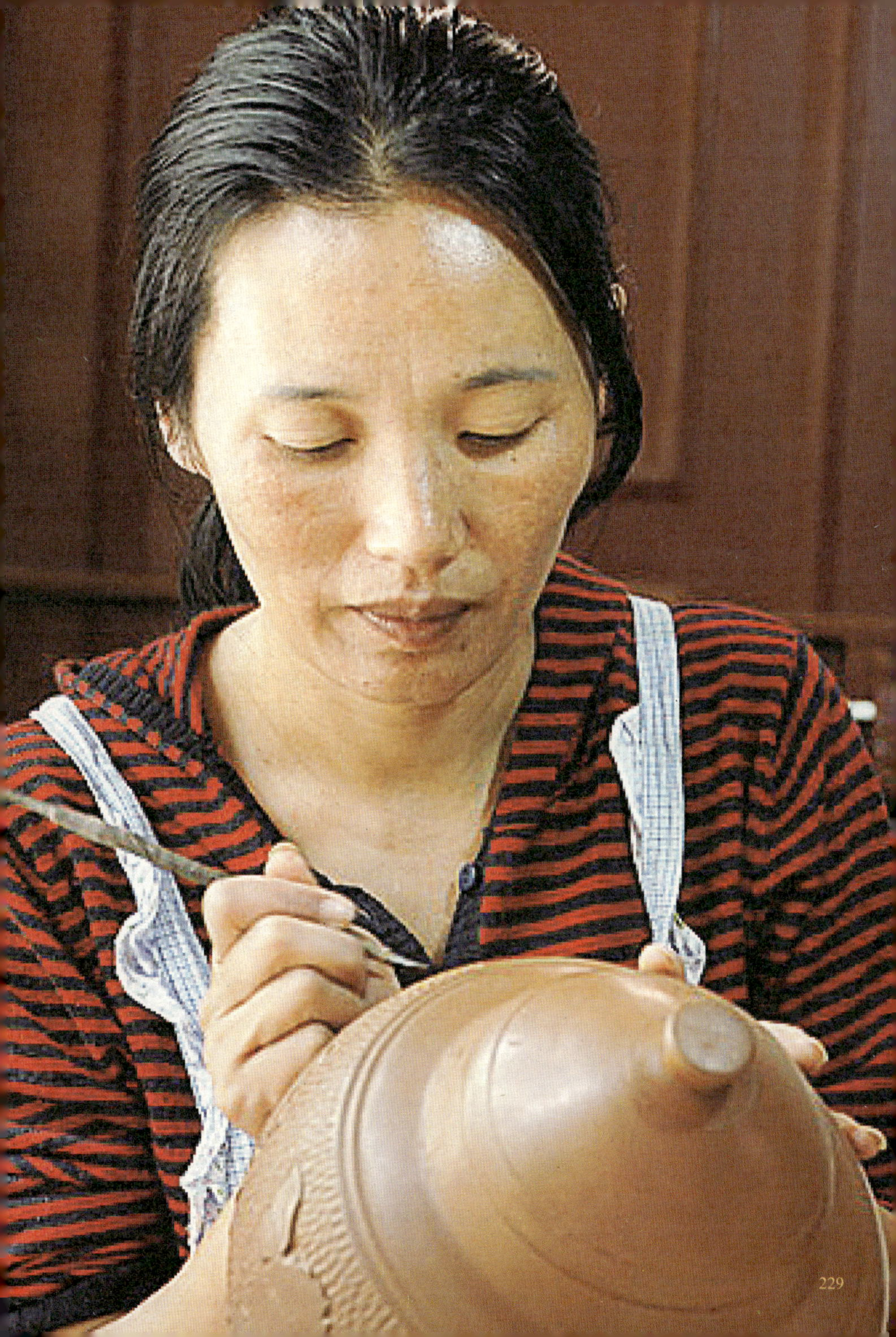

购物镇沅

各种时鲜土产

时鲜土产就一定要到农贸市场去淘啦，不认识的东西多问问，你一定会大有收获的哦。

购买地点：农贸市场

镇沅县源九农产品开发有限责任公司	陶林 15087979063
镇沅五一茶有限责任公司五一茶庄	彭跃斌 13987935786
镇沅茶艺精品	余劲松 13987901889
镇沅圣元堂健康养生馆	杨光云 13577926969
镇沅县圣元堂产业黑古陶销售部	陈敏 13508799429

美食镇沅

镇沅茶文化具有独特的韵味，茶文化与大自然水乳交融，相得益彰。哀牢山千家寨风景名胜区因有世界上最大最古老的茶树，面积最大的野生茶树群落而负有盛名。在茶的饮用方面，具有各民族传统的烤香茶、火笼茶，苦聪人的土锅茶、鲜叶竹筒汤茶，别具风味的咀嚼生茶、糖茶、“祭祀”茶、糊米糖松茶，还有清沏茶。镇沅茶文化源远流长，茶叶远销国内外，从而形成了境内以把边江为主的两纵和穿越哀牢山一横的古今闻名的茶马古驿道。

镇沅民族特色小吃别具风味，主要有隔界鸡、老县城杂酱米干、柠檬猪脚、爬爬虫、腌血肉、腌腊生、哈尼砣肉、鸡肉稀饭、凉拌酸蚂蚁、云棕彩凤、玉米粥、三尖角粑粑、灰水粑粑、苦荞粑粑蘸蜂蜜等。各民族特色小吃代表着各个民族的饮食文化，其中以彝、哈尼、拉祜三种主体民族为主，彝族特色小吃有：腌腊生、猪血旺等；哈尼族特色小吃有：哈尼砣肉、鸡肉稀饭等；拉祜族特色小吃有：凉拌酸蚂蚁、云棕彩凤等；其他民族特色小吃：腹心血茴香炒三线肉、豆腐青菜烩海陆空。

名称	电话	地址	特色菜
★ 天下盐	18387716188	镇沅恩水路 7 公里处	撇撇螺蛳、鱼生、牛排
★ 哈尼风情园	13769945669	镇沅恩古路 8 公里处	天麻炖鸡、腊生炖蛋、腊肉、哈尼江鱼
★ 康福园	13887965095	镇沅恩古路 4 公里处	三七天麻鸽、石斛花炖蛋、白斩鸡
★ 瓢香鸡	13987904678	镇沅恩乐镇托写村	瓢鸡、黄金蛹、笋饺、红烧肘子
★ 文勇农家乐	13577978383	镇沅泯江	土锅鸡、腌牛脚、香茅草烧鱼、莲藕蒸肉、海船
★ 鱼米之乡	13577926906	镇沅恩古路 5 公里处	三尖角粑粑、一鸡三吃、蒸鱼、烤鱼
★ 瓢鸡源	13508794547	镇沅县歇气坡公园内	瓢鸡、绿色飘香、笋饺、相思圆子、葵花豆腐
★ 九甲农家菜	15925262122	镇沅县自来水厂旁	橄榄炖鸡、月亮粑粑、火腿
★ 聚合山庄	13649691619	镇沅县自来水厂旁	十全大补汤、山茅野菜、麻辣螃蟹、炒野生菌
★ 隔界鸡	0879-6889999	镇沅县果东 11 公里处	炒鸡杂、酱豆蘸青菜

住在镇沅

星　级	名　称	电　话	地　址
★★★★	龙瑞酒店	0879-8879777	镇沅绿海路
★★★	新茂酒店	13187926988	绿海路
★★★	茶源酒店	13987963388	绿海路
★★★	镇沅大酒店	15125645115	迎宾路
★★	鹏鹄宾馆	13658793860	金山路
★★	福顺宾馆	13398797981	绿海路
★★	天福酒店	0879-5816777	绿海路
★	新城宾馆	13577903456	绿海路
★	嘉玉宾馆	13987963751	恩水路
★	颐和宾馆	13987901035	绿海路
★	金龙宾馆	13887942066	恩水路
经济型	茶王大酒店	13769946566	绿海路
经济型	凤凰大酒店	13211999888	人民路

难舍普洱，沉醉天赐

（代后记）

普洱与生俱来就没有完结篇——在这套《普洱旅游系列丛书》成书付梓之际，我们心头都回荡着这样一句话。

将美好清澈、丰富多彩的普洱让世人分享，让普洱来一个惊艳的亮相，以一种书卷的温柔雕塑出千古茶乡、旅游天堂的立体魅力，便是这套《普洱旅游系列丛书》的发端。

丛书第一辑《普洱·绿色之旅》包含四种图书：

《醉普洱——普洱经典人文地理》　处处人文，处处地理，更处处历史。把饱含深度的普洱从世人向未留意过的古韵今音里娓娓道来……

《慢光阴——绿色普洱的别样时光》　于自在、自足、自得间融入这养生休闲的理想之地，满眼满心的绿是浸润进身体每个细胞的那种生命的跳跃与灵魂的畅爽，光阴慢，人不老！

《绿海仙境——玩转普洱》　这信息满满的宝典，是普洱所有不能错过的旅游线路和风景，还把普洱旅途中吃、住、行、游、购、娱一一奉上，玩转普洱不是梦！

《山川如是——普洱旅游导游词精选》　用一种工笔素描的精细功力，让你形成对普洱历史、地理、人文、经济、社会的立体认知。

丛书第二辑《普洱·快乐之旅》由三种图书组成：

《快乐普洱——马上出发》　是完备的自助游小攻略，带你去普洱看最美的风景，玩最好玩的地方，吃最有特色的美食。出发吧，眼睛与舌尖都已不能等待！

《风情普洱——纯净·本真之旅》　令你爱普洱，更爱这块土地上那热情神秘的民族风情。哈尼族、彝族、拉祜族、佤族、傣族各民族，风情万种，藏于深山。随他们到达那绿海的深处，来一次纯净本真的风情之旅，灵魂也会为之欢欣荡漾！

《普洱道——相约·寻茶去》　细说一系列茶景、茶乡、茶人、茶事，道出“茶马古道”“普洱茶乡”的秘密，深度探析普洱以茶文化为红线串起的新兴旅游产业之魅力。一起去吧，寻找传说中极品普洱之所在，寻找茶与人的芬芳情缘……

普洱就像拉祜歌曲《实在舍不得》中唱的：“最怕的就是要分开，要多难过有多难过，舍不得，舍不得，我实在舍不得”，那种一见钟情、魂牵梦萦的相思，在组织编写这套丛书的过程中，我们结结实实地体验了一回！而正是这样的情愫，让我们对捧付读者面前的这套小书心存忐忑——究竟我们有没有用自己的笔写尽普洱的无数神奇、方方面面的优越？到底我们能不能以手中的镜头尽现普洱的太多美丽、丝丝缕缕的奇妙？这套两辑七本的小书是否浓缩尽了普洱的精华与神韵？或许她的好，只有你亲自来，才能饱览饱尝！

大半年前，为了进一步揭开普洱的神秘面纱，让世人真正认识普洱，我们聚到一起——普洱市旅游发展委员会牵头，云南人民出版社策划编辑出版，约请专家采风普洱执笔成书，终得以将这套丛书奉献于世人面前。而在成书过程中，普洱人更爱普洱，非普洱籍人认了普洱为精神故乡，这其间的种种，令我们每个人动容。数十位专家、领导为丛书的编辑出版付出了辛劳，在此，我们衷心感谢参与丛书工作和付出深厚感情的每一个人、每一个团队、每一个组织！

唯愿有朝一日，你来普洱，手执这套《普洱旅游系列丛书》，在这个白云与众神居住的地方，尽情享受时光、享受生命……

编委会

2015年5月

图书在版编目（CIP）数据

绿海仙境：玩转普洱 / 《普洱旅游系列丛书》编委会编著 . -- 昆明：云南人民出版社，2016.3

（普洱旅游系列丛书 . 普洱 · 绿色之旅）

ISBN 978-7-222-14329-6

Ⅰ . ①绿… Ⅱ . ①普… Ⅲ . ①旅游指南－普洱市 Ⅳ . ① K928.974.3

中国版本图书馆 CIP 数据核字 (2016) 第 058257 号

绿海仙境——玩转普洱

普洱旅游系列丛书编委会 编著

责任编辑：陈浩东　杜佳颖
装帧设计：杜佳颖　南　舟
责任校对：苏　娅
责任印制：马文杰
出　　版：云南出版集团
　　　　　云南人民出版社
发　　行：云南人民出版社
地　　址：昆明市环城西路 609 号
邮　　编：650034
网　　址：http:ynpress.yunshow.com
E-mail: rmszbs@public.km.yn.cn
开　　本：889 × 1194　1/32
印　　张：7.625
字　　数：130 千
版　　次：2016 年 3 月第 1 版第 1 次印刷
印　　刷：昆明卓林包装印刷有限公司
书　　号：ISBN 978-7-222-14329-6
定　　价：36.00 元